Cidades:
O Substantivo e o Adjetivo

Coleção Debates
Dirigida por J. Guinsburg

Equipe de Realização – Revisão: Plinio Martins Filho; Produção: Ricardo W. Neves e Raquel Fernandes Abranches.

jorge wilheim

CIDADES: O SUBSTANTIVO E O ADJETIVO

Dados Internacionais de Catalogação na Publicação (CIP)
(Câmara Brasileira do Livro, SP, Brasil)

Wilheim, Jorge, 1928- .
Cidades : o substantivo e o adjetivo / Jorge Wilheim. -- São Paulo : Perspectiva, 2008. -- (Debates ; 114)

1ª reimpr. da 3. ed. de 2003.
Bibliografia
ISBN 978-85-273-0667-6

1. Planejamento urbano - Brasil 2. Universidades e escolas superiores - Brasil 3. Urbanização - Brasil I. Título. II. Série.

08-02231 CDD-307.760981

Índices para catálogo sistemático:
1. Brasil : Urbanização : Sociologia 307.760981

3ª edição – 1ª reimpressão

Av. Brigadeiro Luís Antônio, 3025
01401-000 – São Paulo – SP – Brasil
Telefax: (0--11) 3885-8388
www.editoraperspectiva.com.br

2008

Em memória do amigo
Rubens Paiva,
por seu fervente amor pelas coisas da vida.

Em memória dos amigos
Isac Milder, Livio E. Levi e Waldemar Cordeiro
por sua criatividade e consciência profissional.

SUMÁRIO

PARA A NOVA EDIÇÃO

O presente livro foi gerado por dois seminários, no M.I.T e em Lisboa, realizados no início dos anos de 1970. Seria o conteúdo deles diferentes se realizados hoje, mais de 30 anos depois? Curiosamente, a investigação sobre o que realmente conta na vida das cidades não parece ter mudado substancialmente, permitindo que o texto continue razoavelmente atual. No entanto, o mundo mudou, o contexto em que se explicita o que de substantivo há na vida urbana confere-lhe outra dinâmica, mais dramática, outro ritmo, mais rápido, e altera o papel que as cidades desempenham no desenvolvimento e na manutenção de uma precária paz mundial.

Nestes 30 anos ocorreu o fim prematuro do século curto (1914-1991) assim definido pelo historiador Eric Hobsbawm; o advento de uma primeira potência mundial de regime socialista desafiou o desenvolvimento do capitalismo no século e deu ensejo à eclosão e expansão do fascismo no mundo; duas grandes guerras de caráter mundial, um genocídio étnico-religioso, o enorme crescimento do poder destrutivo das armas, o fim do colonialismo vitoriano, fizeram com que o século fosse marcado pela violência na luta ideológica. E tudo que era sólido se desfez no ar, quando do desaparecimento em 1991 do regime já então pretensamente socialista.

Face ao vácuo deixado pelo desaparecimento da União Soviética e do planejamento estatal, economistas teóricos avançaram a tese de um "revival" do liberalismo econômico do século XIX, revitalizado pela possibilidade de acelerar decisões graças à conectividade global resultante do casamento do computador com o satélite. Este neoliberalismo pregava a diminuição do papel e da ação do Estado, a inutilidade do planejamento, e a liberação das forças do mercado. Em lugar de regular-se o mercado para liberar as forças sociais bem ou mal representadas pelo Estado, pregava-se regular este, dando liberdade àquele. O fracasso desta tese tem seu paradigma no que ocorreu na Argentina em 2002, espécie de "muro de Berlim" do neoliberalismo. Este nunca mais será o mesmo: seus teóricos acorrem propondo rever o papel do Estado regulador, talvez menos diminuto do que desejavam...

Este roteiro do século evidencia o vácuo ideológico deixado pelo seu último quartel. Mas não é o único fator a ser assinalado, pois nestes últimos 30 anos também se alterou radicalmente o paradigma da produção industrial, com a substituição da lógica taylorista da linha de montagem, pelo toyotismo: automação computorizada e a reorganização das empresas, agora constituindo conglomerados terceirizados e plataformas logísticas que intercambiam partes do produto final, resultando em brutal redução da massa salarial e da estrutura de emprego industrial.

O desenvolvimento do computador, sua miniaturização e "domesticação" (a fabricação do PC-personal computer) e a criação no começo dos anos de 1990 da Internet e da rede mundial (web) acarretou um encolhimento do espaço e do tempo global, aumentando a conectividade em escala global, dando assim margem e significado ao vocábulo "globalização". Como esta conectividade foi mais rapidamente utilizada para acelerar decisões econômicas e especialmente financeiras, o vocábulo passou a conotar o critério global da economia.

Uma das conseqüências mais graves desta globalização foi o rendimento acelerado de lucro que permitiu ao capital que, durante as 24 horas do dia, rapidamente muda de mão, ter lucros (e perdas), em um mercado de capitais que se transformou em redemoinho inebriante (para quem nele atua) e em uma virtualização enganosa da economia mundial. Como disse um economista americano, "o mundo financeiro desertou a economia produtiva".

Encerrada em uma bolha de conteúdo agitado, a finança mundial vive sua própria vida e se reproduz criando papéis, ações novas, com que se pagam megafusões de empresas, empurrando com a barriga para o futuro crises econômicas de profundas conseqüências sociais. Não seria absurdo vaticinar que, após tais crises, no século XXI o capitalismo como hoje o conhecemos deixe de ser o melhor operador da economia de mercado, transformando-se em um regime econômico melhor (e desejável), regulado pela sociedade.

As mudanças acima, traumáticas e radicais, ocorreram em um contexto de alterações sociais e comportamentais de conseqüências igualmente profundas. Os movimentos sociais da juventude a partir de 1968 e o fenômeno hyppie, deram origem a movimentos sociais de grande alcance para o comportamento sexual, para a preservação ambiental, para a vida de família, para os objetivos de vida e significado de qualidade de vida dos cidadãos. Estas mudanças na maneira de viver a vida, mormente em cidades, resultaram em alterações demográficas, ampliação do campo aberto ao narcotráfico, acompanhada pela estruturação global de poderosa atividade criminosa e corruptora; assim como a mortalidade por doença nova (aids) disseminada pelo aumento da atividade e promiscuidade sexual, assim como pela diminuição do preconceito contra o homosexualismo.

O último quartel do século passado foi também rico em inovações no campo da saúde, da medicina e da demografia. A tecnologia da medicina teve avanços enormes e a longevidade progrediu; conhece-se muito mais sobre o funcionamento do corpo, controlou-se a procriação e novas teorias foram desenvolvidas sobre psiquismo pré-natal. Aumentando a longevidade mudou o perfil etário da sociedade; a esta expansão do leque de gerações deve-se acrescentar a velocidade com que inovações fizeram com que filhos conhecessem assuntos desconhecidos de seus pais, abrindo-se um leque divergente de costumes e o desafio de conviver com diversidades.

Durante estes 30 anos também surgiram novos protagonistas exigindo sua participação no debate e decisões sobre o desenvolvimento de cada cidade, de cada nação: a sociedade civil gerou organizações não governamentais, em torno de causas, temas, bandeiras temáticas, ampliando as formas de representação da sociedade para além do voto e da democracia formal. O crescimento da expressão de grupos e movimentos sociais, superando a atuação de partidos políticos, levou a tensões de caráter político que se acrescentaram às pressões ideológicas, levando a reações militares de direita em numerosos países, mormente na América Latina, criando por certo tempo ditaduras que se assentaram sobre a tortura e o retrocesso do processo democrático, assim como sua derrubada, nesse mesmo período de trinta anos.

Ao mesmo tempo crescia a população urbana, o número de metrópoles e de megacidades com mais de 10 milhões de habitantes, passou de 2 em 1960 para 23 no ano 2000. Mais da metade da população mundial passou a viver em cidades de todo tamanho, sem que a produção agrícola tivesse sofrido uma diminuição de produção, exigindo em diversos países a revisão de sua ótica e estratégia de desenvolvimento. As cidades passam a reivindicar um papel político próprio e maior.

As transformações acima apontadas não constituem meras nuanças do desenvolvimento; mas, sim, uma ruptura de tendências, definindo um período de transição da história em que o contrato social volta à discussão, incorporando novos atores na definição de quem faz o que. O debate desta transição ocorre cada vez mais no âmbito urbano e as cidades, conscientes de seu crescente papel no desenvolvimento de seus países, assumem inclusive o seu papel global. Não me refiro à categoria de "cidades globais" descrita por Saskia Sassen e outros autores que, com critérios diversos, montaram listas de cidades em que o capital mais se remunera ou o mercado se expande ou controla territórios vastos. Refiro-me à constituição de uma espécie de arquipélago urbano, constituído por ilhas em que vivem os cidadãos que alcançaram o nível de um consumo farto e moderno, globalizando costumes, mormente os de consumo, falando a mesma língua, assemelhando seus hábitos culturais. Ilhas de consumidores circundadas por mares e oceanos de excluídos deste nível de consumo. Obviamente as ilhas são maiores em países ricos e desenvolvidos em que hoje se concentram fortemente os capitais e as decisões sobre sua volátil circulação. Porém, há ilhas de consumidores modernos e globalizados em seus costumes, mesmo em metrópoles de renda média extremamente baixa, em que, freqüentemente, a renda é fortemente concentrada.

Ora, após tantas e tão significativas mudanças no cenário mundial, local e até familiar, os seminários da década de 70 certamente as incorporariam, dando novo contexto e perspectiva aos nove temas em que se divide o presente livro. Passarei por isso a tecer alguns comentários sobre cada um, buscando alguma atualização, embora a leitura do texto original revele a permanência do que denominava "substantivo e adjetivo" para a vida urbana e o planejamento das cidades.

Os dados estatísticos sobre população e a urbanização da sociedade mencionados no primeiro capítulo podem ser trazidos para os censos do ano 2000. Assim, constata-se que no Brasil a população alcançou 170.000.000 sendo que 81,2 % vivem em cidades e 18,8 % na zona rural. Esta divisão percentual é contestada por José Eli da Veiga que, não sem razão, observa estarem incluídos na população urbana os que vivem em cidades pequenas cujas tarefas de produção são no entanto de caráter rural. Contudo, mesmo procedendo a correções conceituais, úteis para a distribuição de verbas de incentivo, não há como negar a elevadíssima porcentagem de urbanização da população brasileira.

Convém lembrar um fato curioso: em toda sua história o Brasil não conheceu vida de aldeia, no sentido europeu do termo; isto é a vida em pequenos aglomerados cuja população adulta diariamente vai ao campo de manhã para regressar à noite. O provável motivo era a dimensão do território aliado à escassez da população colonial; ou se habitava nas fazendas, enormes e longínquas, ou se habitava nas cidades, cujas funções econômicas e políticas eram as de uma pequena *polis* desde seu nascimento. Talvez os bóias-frias de criação recente são os primeiros trabalhadores a realizarem tal ritmo cotidiano; embora classificados como urbanos, constituem um proletariado não integrado na cidade pois não chegam a gozar dos direitos inerentes aos cidadãos.

A atualização de dados para o ano 2000 nos fornece os números seguintes: na América Latina, em um total de 517 milhões de habitantes, 75,2 % são urbanos e 24,8 % rurais. Quanto à metropolização no Brasil, são hoje consideradas regiões metropolitanas: São Paulo, Rio de Janeiro, Belo Horizonte, Recife, Salvador, Belém, Porto Alegre, São Luís, Fortaleza, Natal, Maceió, Salvador, Goiânia, região integrada de desenvolvimento do Distrito Federal e entorno, Vale do Aço, Vitória, Campinas, Baixada Santista, Maringá, Londrina, Curitiba, Norte Nordeste Catarinense, Vale do Itajaí, Foz do Rio Itajaí, Florianópolis, Tubarão, Carbonífera, totalizando 69 milhões de habitantes, ou 40% do total da população urbana do país. Enquanto as demais cidades brasileiras totalizam 101 milhões de habitantes ou seja 60% do total urbano. Permanece contudo a constatação do texto original que apontava para a concentração metropolitana da população brasileira.

A distribuição da população revela que os movimentos migratórios domésticos tem diminuído em seu total e seu direcionamento variou. Menos pessoas demandam o Rio e São Paulo e novos destinos são buscados: o planalto central, o novo estado do Tocantins, e a região amazônica, mormente o estado de Rondônia, confirmando que o Brasil ainda possui um *far-west*, isto é um vasto território a conquistar economicamente.

O segundo capítulo versa sobre planejamento, urbanismo e quem o pratica. Aponta, já na década de 70, a importância e possibilidades de um planejamento democrático em lugar de um planejamento tecnocrático, destinado meramente a alocar e otimizar recursos. O Plano Diretor Estratégico de São Paulo, elaborado em 2001 e aprovado no ano seguinte constitui bom exemplo desta práxis. Ele define seu caráter estratégico através de ações de curto prazo que põem em movimento processos cuja maturação se dará no longo prazo, concretizando então as diretrizes do Plano. Supera-se portanto a falsa dicotomia entre planejamento diretivo e planejamento estratégico. Dá-se um sentido às ações imediatas, colocando-as dentro de uma estrutura permanente. Jaime Lerner descreve tais ações como "acupuntura urbana", isto é: a ativação pontual que se irradia pelo corpo urbano.

A elaboração do Plano de São Paulo também constitui bom exemplo do que significa atualmente a participação dos cidadãos e suas organizações no debate das propostas oferecidas pelos técnicos. A participação popular é antes de mais nada uma pedagogia. O que dela resulta não é apenas um aperfeiçoamento das propostas técnicas; todos aprendem a serem mais cidadãos. No texto original deste e do seguinte capítulo, descreve-se o papel das utopias e o método da transdução , proposta por Henri Lefebvre, superando os anteriores métodos de dedução e de indução. O Plano de São Paulo é fortemente inovador, exacerbando o método. Não o seria tivéssemos hesitado em propor alterações, obedecendo apenas a tendências. Inventar é preciso, em períodos de transição. O Plano, ao reduzir o coeficiente de aproveitamento a 1 (uma vez a área de um lote) e permitindo um coeficiente máximo de potencial construtivo variando entre 2,5 e 4, estabelece um diferencial, urbanisticamente localizado, criando um direito de construir oneroso, trazendo para um fundo de interesse público, parte dos recursos privados investidos na construção de edifícios. Influi-se igualmente no custo do solo urbano, pressionando-o para baixo, e recupera-se a iniciativa e a capacidade de intervenção do setor público na construção da cidade.

O terceiro capítulo é dedicado à semiologia da vida cotidiana, à observação da cidade e suas dificuldades. É preciso acrescentar às observações nele contidas, alguns instrumentos novos que auxiliam na percepção de fenômenos urbanos. Na elaboração do Plano de Araxá (2002), em função da necessidade de mobilizar a opinião pública para os riscos e as oportunidades oferecidas pela pequena cidade, fizemos as crianças da rede pública desenharem sua cidade e os adultos comentarem essa visão por vezes estereotipada ou induzida pela televisão, a fim de reencontrar a verdadeira cara da sua cidade. Em São Paulo, o Plano propunha eixos e focos de centralidade; ao detalharmos o plano por meio dos planos regionais de suas subprefeituras, recém-estabelecidas, induziu-se os numerosos participantes de oficinas de debate local a examinarem tais centralidades regionais oferecendo sua visão e proposta de preservação, redesenho e desenvolvimento. Finalmente, a digitalização das informações, seu registro a partir de satélites em lugar de vôos e o geoprocessamento de dados, por vezes captados por sensores, todos facilitados pelo uso da computação gráfica, deu grande rapidez e eficácia à elaboração de plantas e sua transmissão.

No quarto capítulo em que se trata de habitantes e cidadãos, há observações que devem ser potencializadas em virtude da globalização resultante do enorme crescimento e eficácia da conectividade. Reproduzo, agora sob a ótica da globalização:

> O ambiente urbano oferece, mas também frustra. Mergulhados numa atmosfera de comunicação de massa, os habitantes são submetidos à tirania da coisa oferecida. [...]A publicidade transforma um objeto supérfluo em uma necessidade psicológica. Mas a região de oportunidades do indivíduo comumente não permite a aquisição de todas as coisas oferecidas. A constante oferta não gera apenas a frustração, ela também alimenta a voracidade.

Convém lembrar que este capítulo foi escrito e publicado no período da abertura lenta e gradual conduzida pelo presidente Geisel, contra a renitente linha dura militar, enquanto movimentos sociais e políticos, paralelamente, forçavam a redemocratização do país. Donde a justa e então oportuna preocupação pelos temas da liberdade de informação. O livro continua por isso dedicado "à memória do amigo Rubens Paiva, por seu fervente amor pelas coisas da vida", um democrata que se opunha à censura.

Convém acrescentar o conceito de inclusão e de exclusão, decorrente de um menor papel do setor público na condução do desenvolvimento, e observar o elevado índice de desemprego, mormente do industrial, resultante da mudança de paradigmas da produção industrial mas também da política econômica neoliberal, com sua ilusão de proceder a um desenvolvimento seguindo apenas exigências do mercado, quando este se encontra manipulado por um sistema financeiro que retira sua satisfação e lucro do mero jogo da instabilidade propiciada pela globalização da informação, pouco se preocupando com o restante da economia e muito menos com problemas sociais.

O capítulo intitulado "No Meio do Ambiente: Recreação e Recriação" inicia-se com uma citação de Santayana que lembra "quem não aprender com a história está fadado a repeti-la". Hoje, mais cético com o passar do tempo, acrescentaria uma citação irônica de Voltaire: "A História não se repete. Mas o Homem sim..." Com efeito, ao reler o texto original, que testemunha meu interesse pelas questões ambientais bem antes do surgimento das ONGs ambientais no país, não posso deixar de lamentar os retrocessos da última década no que concerne à defesa dos recursos naturais, mormente da água, e do controle industrial e tecnológico da poluição da atmosfera por parte dos Estados Unidos, Japão e outros países industrializados.

Em 1992, no Rio de Janeiro, os governos dos países hegemônicos transformaram uma reunião sobre meio ambiente em uma importante reunião de cúpula, com participação obrigatória de chefes de estado. Haviam percebido a importância e o potencial político dos movimentos ambientalistas e não estavam dispostos a deixar essa bandeira em mãos não-governamentais. A oficialização da questão constitui uma vitória dos movimentos pois os esforços e pioneirismo da sociedade civil adquirem massa crítica e eficácia social apenas quando logram transformar-se em políticas públicas. Isto de fato ocorreu em numerosos países mesmo que, simetricamente, tenha feito arrefecer a dinâmica dos movimentos. Receio que hoje estejam arrefecendo os ardores ambientalistas de governos, seja por estarem suas estratégias políticas excessivamente determinadas pelo mercado, seja por que as instituições públicas são mais rígidas e lentas do que os movimentos sociais.

No Brasil é preciso apontar para o vai e vem das políticas destinadas à exploração da enorme riqueza representada pela biomassa existente no território nacional. Continuamos a desconhecer o seu real valor e pouco se desenvolveu a tecnologia de sua apropriação. As interessantes pesquisas acadêmicas não tem recebido crédito e suporte continuado e suficiente. À semelhança do periódico descrédito no Brasil do uso do álcool combustível, sempre à espera de sua consagração nos Estados Unidos para nele acreditar, embora a tecnologia de seu uso tenha sido inventada na década de 70, por brasileiros no Centro de Tecnologia Aeronáutica de São José dos Campos.

O sexto capítulo, dedicado à habitação, certamente mereceria sua ampliação. O BNH (Banco Nacional da Habitação) encerrou suas atividades com grande déficit operacional e sua fonte original de recursos, o FGTS (Fundo de Garantia por Tempo de Serviço) passou para a administração da Caixa Econômica Federal. Cumpre informar que, antes disto ocorrer, fora contratado para elaborar uma reestruturação do então existente Ministério da Habitação e Meio Ambiente, tendo proposto, entre outras inovações, a passagem do FGTS para o âmbito deste ministério. A questão habitacional continua, no Brasil, sujeita à linha de corte do mercado: quem tem renda acima desta linha, famílias de classe média com adultos empregados, pode utilizar as ofertas existentes, seguindo programas de empreendedores que facilitam o pagamento de juros. Quem está abaixo desta linha engrossa a demanda do Sistema Habitacional de Interesse Social, utilizando recursos e subsídios provenientes do FGTS.

Nas grandes metrópoles cresceu contudo o número de habitações irregulares, em loteamentos irregulares, em glebas invadidas ou públicas. A proporção de irregularidades nas grandes cidades é tamanha, que cumpre comparar a cidade legal com a irregular e real, devendo-se adequar plantas, registros e, especialmente, planos, normas e estratégias. O vulto das favelas e outras formas de ocupação irregular, obriga os governos locais a encontrar métodos adequados de reurbanização. O programa favela-bairro desenvolvido no Rio de Janeiro ao final da década de 90 e os programas que em 2003 se desenvolvem em São Paulo, além de outros exemplos em cidades com problemas de menor vulto do que nessas metrópoles, indicam novas formas de civilizar estes vastos territórios em que, além da irregularidade edilícia, também imperam problemas sociais e violência entre jovens, convenientemente escondidos pelas ruelas de difícil acesso em que governo e lei estão ausentes.

O sétimo capítulo é dedicado à qualidade de vida, seus fatores integrantes, assim como à descrição de um exercício de quantificação dos fatores que a compõem, realizado para a COHAB de São Paulo, em 1970. Tive a oportunidade de voltar a este assunto em 2000, quando Marta Suplicy, ainda em campanha pela eleição para a Prefeitura, solicitou ao Instituto Florestan Fernandes um estudo sobre a melhoria da paisagem urbana de São Paulo. Ao elaborar o tema, indicando a importância da percepção da paisagem urbana, esbarramos imediatamente no papel dessa percepção na qualificação da vida urbana.

Retomei então o quadro do estudo original em que os fatores de QV e bem-estar estão listados e relacionados, nas duas colunas em que se situam os fatores físicos e fisiológicos de um lado, e os culturais e sociopsicológicos do outro. Esse quadro foi alterado. Entre os fatores básicos, os direitos do cidadão, que determinam a região inicial de oportunidades, acrescentamos a moradia, o abrigo básico. Diversos fatores do quadro original fazem parte da realidade e da percepção da paisagem urbana: sentir-se saudável, ter prazer, conforto e equipamento coletivo, integridade física, orientação no espaço, liberdade de movimento e informação. O restante do exercício que, naquela oportunidade, servia para a quantificação necessária à escolha de propostas concretas, tem hoje apenas o interesse de revelar o inter-relacionamento de fatores.

Ao oitavo capítulo, em que se descrevem os passos de elaboração de um plano urbano, é necessário considerar as profundas alterações de contexto mencionadas no início desta Introdução: a sociedade civil requer sua participação no planejamento de seu futuro e as forças do mercado, em boa parte as construtoras das cidades, requerem uma adequada contrapartida por parte do governo local. Parcerias, negociações, resolução de conflitos entre interesses legítimos porém opostos, são ingredientes novos na cozinha do planejamento urbano. Alguns deles foram, depois de uns 25 anos de vai e vém no Congresso Nacional, inseridos em lei aprovada em 2001, denominada "Estatuto da Cidade": operações urbanas, outorga onerosa, direito de preempção, de superfície, IPTU progressivo, transferência do direito de construir, desapropriação com pagamentos em títulos, usocapião especial urbano e concessão de uso para moradia, requisição urbanística, parcelamento e edificação compulsórios e desapropriação, constituem instrumentos novos na práxis urbanística, nascidos de tentativas diversas, muitas já praticadas em São Paulo, de adequar o desenvolvimento urbano à situação de irregularidade existente na cidade real.

Chegamos ao último capítulo, adequadamente dedicado aos problemas do conhecimento. Ao ler o texto original é preciso ter em mente a ansiedade do autor para superar os resquícios dos anos de chumbo do regime autoritário com censura, o qual pesara diretamente sobre a vida universitária, seja pela cassação e afastamento de professores, seja pelo ambiente de medo e censura. Permanece no entanto a atualidade dos conceitos e exigência de um maior entrosamento entre as disciplinas. No texto original há considerações sobre o aumento de informações disponíveis e a demanda por instrumentos novos que permitiriam ter acesso individual a esse novo estoque de dados: o computador pessoal ainda não havia sido inventado! O texto menciona a conveniência da transmissão livre de informações ainda limitado: a internet e a web ainda não estavam operando!

A interdisciplinaridade e a constituição de redes, assim como o gigantesco aumento de dados disponíveis, constituem hoje realidades que nos colocam frente a novos problemas. É preciso reconhecer que dados ainda não constituem informação, pois para esta é preciso correlacionar os dados primários. Mas informação ainda não significa conhecimento, pois para tal é preciso alcançar a compreensão do fenômeno em análise, colocando a informação em perspectiva e em contexto. Finalmente, conhecimento não significa necessariamente sabedoria, alcançada por aqueles que praticam com bom-senso, humildade e visão os conhecimentos adquiridos.

A disponibilidade dessa cadeia de fatores de conhecimento traz novos desafios. O primeiro decorre da própria quantidade de dados e informações disponíveis, assim como da rapidez e universalidade de sua obtenção. O segundo decorre da aceleração de todos os processos de mudança, decorrentes da disponibilidade de informações. Quando a curva das mudanças se torna quase vertical, gerando uma quase-simultaneidade de fenômenos inter-relacionados, devem mudar os instrumentos de sua percepção, o filme de sua sequência volta a ser um suceder de fotogramas, a análise estrutural passa a privilegiar o fotograma e o tempo deve ser examinado de *per si*. Não sabemos ainda como proceder. Por isso o desafio novo das universidades é metodológico: como aprender.

No texto original escrevo ensinar menos e aprender mais. Mais do que nunca creio que nossa vida é um aprendizado sem fim e o ensino se faz mediante uma troca de experiências entre quem já sabe e aquele que quer saber. Saber o que e como? Com a rapidez vertiginosa das mudanças, com as rupturas que caracterizam um período de transição da história, torna-se aflitiva a necessidade de descobrir como aprender. Há por isso uma enorme ansiedade pelo aprendizado, grande aumento de alunos em todas as escolas, mormente nas de ensino superior; e não apenas buscando diploma para conseguir emprego; e, sim, pelo sentimento de que, face à vastidão do conhecimento disponível, algo deve ser apropriado.

Elaboro sobre esta situação em *Tênue Esperança no Vasto Caos*, livro publicado em 2001, no qual especulo sobre a possibilidade do século XXI ser conhecido pelos historiadores do futuro, como um século de Renascimento, reeditando, em outro nível histórico, os valores humanistas que caracterizaram o início do ciclo moderno da história, no século XV. Dentre os fatores essenciais para a construção dessa hipótese, coloco a necessidade de elaboração de novos métodos de permanentemente adquirir conhecimento. E descrevo o presente período como uma nova fase de enciclopedismo, isto é um tempo em que se torna imperioso redefinir conceitos substantivos. Este é o sentido da reedição do presente livro.

INTRODUÇÃO

O presente livro começou a ser pensado em 1970, ao preparar um seminário para pós-graduados no Massachusetts Institute of Technology; e foi completado em 1972, ao ser convidado a dar um ciclo de 8 conferências sobre planejamento, em Lisboa. Tratava-se de um seminário compacto de reciclagem a nível de pós-graduação multidisciplinar, com o objetivo de "sacudir idéias". Obviamente, este objetivo só poderia ser alcançado se, em primeiro lugar, procurasse "sacudir" as minhas próprias idéias. Procurei concentrar-me em identificar o que era realmente básico, substantivo, na disciplina chamada planejamento; esta identificação poderia provocar uma reavaliação metodológica que me parecia necessária toda vez em que deparava, seja com extensos relatórios, chafurdando no óbvio sem conduzir a uma solução; seja com dogmáticas teorias que substituíam a realidade – tão rica – por inócuas abstrações meramente adjetivas.

Enxergar fatos requer método. A realidade não é tão óbvia assim, especialmente ao considerarmos o planejamento como sendo a instrumentação de gradual transformação da realidade. E, parece-me, é este o aspecto básico do planejamento. No entanto, nem os mencionados seminários, nem o presente livro, pretendem apresentar uma teoria acabada. Apenas observações preliminares, aspectos táticos que permitam uma prática profissional mais lúcida, uma série de reflexões sobre temas que enfrentamos em nosso cotidiano. Um encaminhamento, talvez, a uma formulação teórica mais abrangente e profunda. Mas este "fazer caminho" tem sua importância; pois permite dedicar-se às tarefas profissionais com mais segurança e eficácia, atendendo aos reclamos de planejamento que se tornam especialmente clamorosos nas sociedades que celeremente se urbanizam, em contexto de subdesenvolvimento.

A associação do pensamento teorizante à prática profissional apresenta uma ambivalência. Por um lado, permite aproveitar valiosos insumos fornecidos pela prática; por outro lado, introduz um sabor pragmático por vezes difícil de dosar: surge a tentação de atribuir valor teórico excessivo a soluções imediatistas, sem suficiente recuo no tempo e no espaço.

O tom cauteloso das linhas acima objetiva evitar uma inversão de expectativas. No entanto, a carência de textos brasileiros, de textos latino-americanos, preocupados em refletir sobre o importante fenômeno da urbanização, dispensariam todo receio. No Brasil, em particular, refletimos pouco; atuamos com vivacidade, exteriorizamos com simpatia, porém de forma indiscriminada; aceitamos mudanças com relativa facilidade, mas escasso senso crítico. Respondemos rapidamente à dinâmica de nossa realidade sócio-psico-econômica; rápida, mas nem sempre adequada e lucidamente. Um "ir fazendo" que às vezes esquece e substitui o "ir pensando". Em que pese a falsa modéstia inerente às palavras acauteladoras dos parágrafos iniciais, o presente livro tem uma pretensão definida: fazer pensar enquanto se vai fazendo. . .

O texto definitivo foi redigido no segundo semestre de 1974. Ao mesmo tempo em que me via crescentemente envolvido em uma tarefa profissional complexa: dirigir uma equipe com o objetivo de examinar os problemas emergentes do Estado de São Paulo, a fim de propor uma estratégia para a ação governamental.

Esta coincidência deve ter alimentado mutuamente os dois trabalhos. Na estratégia proposta, reconhecem-se idéias sobre habitação, sobre o uso da tática de indução, sobre a importância e forma de obter participação social que comparecem no presente texto. Por outro lado, não excluo que a tentativa de proceder a uma análise estrutural de situações problemáticas tenha influído na revisão final do livro, dando mais ênfase à relação entre técnico e político, à busca de métodos mais expeditos para instrumentar as transformações da realidade e ao papel da qualidade de vida em nosso desenvolvimento.

Em oito capítulos procuro fornecer subsídios à conceituação de problemas diversos, fortemente interligados. Descrevo a transitoriedade constante à que chegou o ritmo da urbanização e as mudanças que dela decorrem, buscando parâmetros que substituam a segurança e conforto de conceitos tradicionais e dos dogmas; dentro desse contexto defendo uma posição "engajada" por parte do planejador e descrevo a função da utopia na prática profissional; proponho nesse capítulo o que, em falta de termo mais preciso, denominei de "planejamento democrático". Retomo teses conhecidas para sugerir formas de análises dos sistemas de vida urbanos; discuto em seguida as muitas cidades que coexistem dentro de uma cidade. Mergulho no inevitável problema do meio ambiente, procurando enxergar além das teses apocalípticas, assim como das teses primariamente industrializantes, a fim de buscar posições mais sensatas e eventualmente capazes de estabelecer um modelo diferente, mais adequado às possibilidades latino-americanas. As observações sobre a habitação, defendem uma atitude não centralizadora nem controladora, postulando entregar o poder decisório aos usuários. As observações sobre qualidade de vida, objetivam, por um lado, discutir fatores de QV; e, por outro lado, expor uma tentativa de quantificação feita em 1970, em colaboração com o arquiteto C. Deak. Resumo, finalmente, as proposições metodológicas no capítulo dedicado à tática de indução.

Dou, no entanto, especial importância ao nono e derradeiro capítulo, dedicado à função da Universidade. Pois através da discussão nela desenvolvida, torna-se clara a dificuldade de elaboração teórica mais abrangente, em virtude da formação oitocentista e ainda ilhada dos muitos profissionais que deveriam debruçar-se, de modo integrado, sobre o candente problema da urbanização da sociedade.

Finalmente, cabe-me agradecer Dulce Carneiro pela leitura crítica, Norberto Chamma pelas ilustrações e Cecília Barone pelas inúmeras datilografias do texto.

J.W.

1. VIVER NA TRANSITORIEDADE EM UMA SOCIEDADE QUE SE URBANIZA

"As coisas não continuarão sendo o que são, precisamente por serem o que são."

B. BRECHT

No longínquo tempo da era neolítica, possivelmente em algum ponto do vale do Danúbio, uma tribo descobriu a possibilidade de reter o curso de um rio represando-o e de canalizá-lo para os campos adjacentes. Desta notável invenção tecnológica – a irrigação – decorreram inúmeras alterações em cadeia.

Nasceu, primeiramente, a agricultura, forma planejada de utilizar os recursos oferecidos pela natureza para produzir alimentos e garantir diretamente a subsistência do grupo; ensejando mais tarde a troca dos excessos de produção por outros bens.

Para cuidar das múltiplas tarefas, femininas naturalmente, ligadas à agricultura, não era mais possível continuar nômade. Em que pese as expedições de caça realizadas por homens, a tribo tornou-se sedentária. Seus abrigos puderam ser menos precários e sua distribuição espacial passou a exigir decisões e critérios locacionais baseados em experimentação. Com a aldeia neolítica nasceu o protótipo da cidade; e nasceram os cidadãos. Estes, por sua vez, dividiram e especializaram suas tarefas que se tinham tornado particularmente complexas; e com esta especialização surgiram as divisões de classes e uma crescente complexidade social.

Parece-nos importante notar sempre ter havido forte vínculo entre a vida urbana das sociedades e sua espacialização nos aglomerados. A disposição de ocas em tabas indígenas vincula-se a rígidas e culturalmente conhecidas regras de comportamento e de itinerário (circulação) dos índios que nelas habitam. De forma análoga, nas grandes metrópoles, os diversos estratos sociais e grupos migrantes privilegiam apenas alguns setores urbanos, identificando-os como a "sua" cidade. Esta relação entre espaço e grupos sociais é importante para a "leitura" e a compreensão da cidade e sua dinâmica.

A partir da era neolítica, a sociedade não cessou de crescer; e de se urbanizar, com maior ou menor insistência. Durante séculos consolidou-se uma problemática prenhe de conteúdos: a da relação entre cidade e campo. Por vezes, na história, o domínio concentrava-se em cidades que assumiam orgulhosamente um feitio físico simbólico deste poder.

Contudo, em que pese o eventual declínio de poder de uma ou outra cidade, ou mesmo seu desaparecimento total numa guerra, superação de função econômica, hecatombe ou peste, a relação cidade-campo geralmente revelava um dinamismo migratório de sentido predominante: do campo para a cidade. Em países em que o camponês vivia em aldeias, as cidades se desenvolveram sem esvaziar o campo; seu crescimento e complexidade crescente criaram um aumento de atividades terciárias mesmo antes do aparecimento da indústria. Nos países, como o Brasil, em que o camponês vivia no campo que lavrava, a migração implicou abandono das atividades agrícolas, tendência questionável apenas em São Paulo, na atual década, com o surgimento do "volante", trabalhador rural "aldeado" na periferia de cidades médias.

A tendência "do campo para a cidade" é um dos motivos para o crescimento da população urbana. Mas qual a origem, o motivo que leva uma pessoa ou uma família a incorporar-se a tal tendência?

Antes de particularizar para o caso brasileiro, pode-se dizer, de modo geral, que a concentração de população permitiu um desenvolvimento de atividades econômicas dependentes da existência de mercado, forneceu mão-de-obra mais abundante para a realização de tarefas novas, resultou no alargamento do leque de oportunidades e concentrou equipamento e infra-estrutura que melhoravam a qualidade de vida. Em resumo: viver na cidade sempre parecia mais atraente do que permanecer no campo.

A cidade liberta

Esta explicação é ainda muito genérica. No tempo e no espaço. Inúmeros aspectos particulares apontam, historicamente, motivos para a crescente urbanização da sociedade. Para citar um exemplo: nos burgos da Idade Média, o servo que conseguisse permanecer um ano e um dia na cidade, era tornado cidadão livre; donde o moto alemão: *Stadt macht frei* (A cidade liberta). Nada mais atraente. . .

Para citar outro exemplo, igualmente europeu, observe-se o súbito crescimento das cidades inglesas no começo do século passado. O desenvolvimento das tecelagens, as invenções tecnológicas que consubstanciaram a chamada Revolução Industrial, criaram uma inusitada e permanente demanda de mão-de-obra. A oferta de emprego esvaziou a região em torno de Londres, Cardiff e outras cidades, acarretando súbito crescimento urbano. Emprego seguro era certamente outro motivo bastante atraente[1].

A relação cidade-campo, seu movimento pendular e sua final pendência para a cidade, não são os únicos fatores do desmesurado e recente crescimento das mesmas. Não se pode esquecer, em primeiro lugar, o fato da população mundial ter crescido geometricamente. Para se ter uma idéia suficientemente dramática deste ritmo de crescimento, basta examinar a tabela abaixo:

População Mundial (em 1000 hab.)[2]

250 000	no ano	0
500 000	no ano	1630
1 000 000	no ano	1850
2 000 000	no ano	1930
3 700 000	no ano	1972
4 000 000	no ano	1975
5 000 000	no ano	1986
7 400 000	no ano	2007

Os valores da tabela estão arredondados e objetivam evidenciar os períodos que decorrem, desde o início da Era Cristã, para a população mundial dobrar. Foram necessários 1630 anos para dobrar e alcançar o meio bilhão, 220 anos para dobrar novamente, 80 anos para alcançar 2 bilhões, 25 anos para atingir os 4 bilhões e, aparentemente, outros tantos para dobrar novamente. Caso for mantida a atual taxa de crescimento que é da ordem de 2% ao ano.

O crescimento demográfico geral, aliado ao crescimento do movimento migratório do campo para a cidade e das cidades menores para as maiores, acarretou problemas conhecidos e universais: favelas, invasões, incapacidade de absorção e de atendimento de necessidades de saneamento e abrigo etc.

Invasões

Assim sendo, a urbanização assume freqüentemente as características de autêntica invasão, dotada de estratégia

(1) À relação cidade-campo dedicou-se vasta bibliografia. Entre outros, cita-se: HENRI LEFEBVRE, *Du rural à l'urbain,* Paris, Ed. Anthropos, 1970; PIERRE MONBEIG, *Pionniers et planteurs de S. Paulo,* Paris, A. Colin, 1952.

(2) FONTE: *Anuário das Nações Unidas,* 1973.

própria, manobras diversionistas, programação e políticas de fato consumado. Nem sempre as invasões são lucidamente comandadas; mas a necessidade de sobrevivência criou formas de ação já típicas, comprovadas pelo sucesso do resultado final cobiçado: a fixação urbana, mesmo que em situação periférica, marginal.

A invasão urbana, com ocupação ilegal de terrenos públicos ou privados, denominada "grilagem" por Charles Abrams[3], apresenta alguns números significativos:

"Há atualmente uns 240 000 *grileiros* na Turquia. Constituem 45% da população de Ancara, onde algumas terras tiveram de lhes ser entregues. Formam eles 21% da população de Istambul e 18% de Izmir. Em 1951 totalizavam 60 000 em Bagdá e 20 000 em Basra (Iraque); em Karachi representam cerca de 1/3 da população. Constituem, pelo menos, 20% da população de Manila e em Davao (Filipinas) apossaram-se de toda a larga avenida que vai da Prefeitura até o centro comercial. Na Venezuela, os *grileiros,* rurais e urbanos, representam 65% da população total, com um índice de 35% para Caracas e 50% para Maracaibo. Cali, na Colômbia, tem uma população de *grileiros* de cerca de 30% do total. Em Santiago do Chile representavam, há 10 anos, cerca de 25% da população. São 15% em Cingapura e 12% em Kingston (Jamaica)."

Símbolo político

No caso do Brasil, a relação cidade-campo não difere como tendência. Há, no entanto, matizes históricos próprios que conviria, pelo menos, indicar. A economia da fazenda colonial era auto-suficiente; prescindia da cidade, não necessitava sequer de um mercado para venda ou troca de produtos, uma vez que sua produção básica se destinava à "exportação" colonial. Talvez por não ter a vinculação econômica da matriz colonizadora, a Europa, a cidade do Brasil Colônia teve mais valorizado, porque isolado, o seu fator simbólico; a cidade limitava-se a representar simbolicamente a sede do poder político e religioso. Era central de informação, foco de contato político e cenário de procissões; nelas e através delas prestava-se tributo a valores

(3) ABRAMS, C. *Habitação, Desenvolvimento e Urbanização.* Rio de Janeiro, Ed. *O Cruzeiro,* 1967.

que garantiam a coesão política da imensa Colônia; a cidade assumia feições de antecâmara em que a sociedade colonial comungava; contudo, como em toda antecâmara de poder, as cidades coloniais também acolhiam e desenvolviam as contradições de interesses e a formação e lutas entre grupos que se polarizavam.

O rompimento da economia colonial, a complexidade da comercialização de produtos agrícolas como o café, a vida política de relativa independência, e, finalmente, o surgimento da indústria como substituição das importações, foram fatos sucessivos e definitivos, forte e diretamente motivadores do incessante crescimento das cidades brasileiras.

Este fenômeno de urbanização crescente é, aliás, comum à América Latina, como se depreende do quadro abaixo:

Urbanização na América Latina

País	Período censitário	% de crescimento da população urbana	Taxa de urbanização
Argentina	1947-60	2,8	1
Brasil	1950-60	5,5	2,3
Chile	1952-60	3,9	1,1
México	1950-60	4,4	1,3
Peru	1940-61	4,6	2,4
Venezuela	1950-61	6,1	2,3

FONTE: Relatório do CELADE para o BID (1969).

Na relação entre populações urbana e rural, na América Latina, como um todo, nota-se o seguinte desenvolvimento:

1950	25% urbana 75% rural
1960	33% urbana 67% rural
1980 (estimativa)	60% urbana 40% rural

Este mesmo quadro, para o Brasil indica:

1950	30% urbana 70% rural
1960	40% urbana 60% rural
1980 (estimativa)	54% urbana 46% rural

O Brasil que, segundo o último *Anuário das Nações Unidas,* apresenta a sétima população no mundo, tinha 98 854 000 habitantes em 1972; e deverá ter, em 1980, cerca de 122 990 000 habitantes. Percebe-se, portanto, que ocorre tanto uma aceleração na urbanização, como uma aceleração no crescimento demográfico total.

Metropolização

A estas duas características, soma-se outra: as cidades grandes apresentam, no Brasil, índices de crescimento maiores do que as cidades menores. Há uma tendência à concentração e crescimento metropolitanos. Em estudo realizado por Trindade, em 1972, é apresentado o seguinte quadro de estimativas:

Estimativas populacionais (em 1000 hab.) por agrupamentos

	1970	1990
Salvador, Recife, Natal	3 000	7 000
"Pasangua"	13 000	40 000
Porto Alegre, Curitiba	2 000	4 000
Outras cidades	30 000	49 000
Rural	47 000	62 000
Total	95 000	162 000

("Pasangua" é denominação dada em número da revista *Realidade* ao conjunto da Grande São Paulo, Baixada Santista, Rio de Janeiro e cidades do Vale do Paraíba.)

Se nos limitarmos aos três primeiros grupos de aglomerações metropolitanas, percebemos que a porcentagem de participação no total passará de cerca de 19% em 1970 para 31,5% em 1990. Mais de um terço da população (51 000 000) viverá apenas em algumas das regiões metropolitanas.

Serviços

Diversos livros[4] e autores explicam as motivações históricas desta crescente urbanização e metropolização brasileira. Em sua base não está apenas um crescimento industrial com a subseqüente demanda de mão-de-obra e sim o surgimento de um crescente setor de serviços, oferecendo oportunidades de emprego para mão-de-obra de baixa qualificação. Este crescimento dos serviços, por sua vez, revela uma causação circular; pois são precisamente os serviços que "melhoram" a vida urbana, dando-lhe o *status* civilizatório que reforça a imagem atraente e polarizadora da cidade no país.

Recente estudo sobre migração em São Paulo, revela três fatores primordiais alegados por imigrantes para sua vinda: oferta de emprego, assistência médica, melhor rede escolar. A estes dados objetivos deve-se, contudo, acrescentar alguns fatos menos quantificáveis mas igualmente pertinentes. Referimo-nos às importantes motivações de ordem psicológica e social que se encontram freqüentemente na base dos movimentos migratórios.

Mobilidade física e social

Há no Brasil uma grande mobilidade física e facilidade de deslocamento. Em que pesem as dimensões nacionais, o país não tem grandes diferenças de costumes entre regiões; não há duas línguas, nem dialetos. É preciso muito empenho para encontrar regionalismos que dificultem ou impeçam a miscigenação e homogeneização cultural. Esta homogeneidade cultural facilita a decisão de migrar; do campo para a cidade pequena, desta para a cidade grande e do Nordeste para o Sul.

(4) Entre outros saliente-se PAUL SINGER, *Desenvolvimento Econômico e Evolução Urbana*, Cia. Editora Nacional e Editora da Universidade de São Paulo, 1968.

Note-se que esta inexistência de obstáculos culturais não é encontrada na América Ocidental, ao longo do oceano Pacífico. Nos países andinos, o camponês é freqüentemente um índio puro ou um mestiço, descendente dos habitantes originais, os quais possuíam cultura requintada e definida. Conservam sua língua que não possui alfabeto escrito; sua roupa é típica. A ida do campesino à cidade significa o óbvio ingresso em um universo hostil. Implica penoso processo de aculturação.

Rádio e TV

A mobilidade migratória brasileira foi também lubrificada pelo rádio e pela televisão. Hoje em dia, a televisão não nos diz o que pensar, mas já nos diz *sobre o que pensar*. A dimensão imensa do espaço brasileiro cria o sentimento de isolamento e, conseqüentemente, o desejo e necessidade de integração.

Esta necessidade pode talvez revelar-se em certos hábitos típicos: o torcedor de futebol que após comungar com companheiros de torcida das emoções do jogo, ansiosamente procura prolongar esta comunhão ouvindo os comentários radiofônicos. O desejo de não permanecer isolado no espaço imenso também poderia ser revelado pela atividade homogeneizante do Carnaval.

O desejo de comunhão e de integração, quando não se reveste de atributos complexos, permanece pelo menos ao nível da busca de informação.

Neste sentido foi notável o papel do rádio, especialmente depois do transístor permitir a diminuição de seu tamanho e custo, universalizando seu uso até nas camadas mais pobres da população.

Aceitar inovações

Além da informação levada pelo país afora de forma homogênea, é preciso apontar para uma característica cultural brasileira: sua juvenil propensão a aceitar novidades. Sem muito senso crítico, o brasileiro lança-se ao *novo* com o entusiasmo e deslumbramento de quem descobre um brinquedo. Revela-se ali um fator lúdico, bem personificado no personagem-título do *Macunaíma* de Mário de Andrade. Não conhecemos estudos antropológicos ou psicológicos que procurem explicar o *Homo ludens* brasileiro e sua fácil aceitação do "fato novo"[5].

De qualquer modo, observe-se o resultado. A burguesia consome arte moderna pelos leilões afora; Niemeyer vê, espantado, a coluna do Palácio da Alvorada transformada em fivela de cinto e mil outras finalidades inadequadas; os neologismos propostos pelo cinema americano transformam nossos cardápios; o turista brasileiro é no exterior um escandaloso deslumbrado que, sem pejo, anuncia aos gritos seu entusiasmo pelas novidades que descobre (e adquire). A rapidez com que um gesto lançado por um cantor (o polegar para cima de Roberto Carlos) se popularizou, prenhe de significado, por todo o país, inseriu-se com rapidez numa linguagem do gesto. (Conhecemos pessoalmente pelo menos três prefeitos que utilizaram este gesto, como símbolo de suas campanhas políticas.) Da mesma forma os dedos em V, originariamente simbolizando a esperança na vitória, por parte dos aliados, durante a guerra de 1939 – foram recodificados como símbolo jovem e *hippy* de paz e amor; e generalizaram-se, como cultura, por todo o país.

As observações acima exemplificam superficialmente a ausência de obstáculos culturais à mobilização migratória. Não se deve esquecer, contudo, que o motivo básico para o abandono do campo, ainda reside no atraso estrutural deste. Seu modo de produção pré-capitalista determina condições sócio-econômicas de grande dependência. O emprego sazonal (para colheitas) e a ausência de garantias por inobservância sequer de legislação já existente (Estatuto do Trabalhador Rural, salário mínimo etc.) – resulta em graves problemas como os dos trabalhadores volantes ("bóia-fria") no interior do Estado de São Paulo. Trata-se dos trabalhadores rurais obrigados a morar na periferia de cidades em regiões agrícolas, onde vivem procurando biscates, e que em certas épocas vão diariamente ao campo levando consigo alguma refeição fria. Em que pese uma situação longe da ideal, nas camadas mais pobres do proletariado urbano as condições de vida ainda são superiores

(5) J. Huizinga, em *Homo ludens,* Ed. Einaudi, 1949 (Trad. bras., *Homo ludens*, Ed. Perspectiva, e Ed. da USP, 1971, Estudos 4), diferencia o "puerilismo" social contemporâneo do verdadeiro e desejável jogo; mas identifica em outros séculos a relação entre o jogo, a descoberta e o conhecimento.

às do campo. Há pelo menos, um leque de opções; e a infra-estrutura e equipamento urbanos têm algum grau de acessibilidade democrática; donde, participar da vida urbana já constitui um avanço, para quem vem do campo. Ir viver na cidade não é, por isso, mero translado ou migração; é uma aventura, cheia de riscos e de esperanças.

Por isso, a urbanização quando conseguida, em que pese a inversão de expectativas, frustrações e dificuldades, ainda se constitui em *conquista*. Da qual raramente abre-se mão[6].

A gesta "guerreira" da urbanização parece descrever bem o espírito do novel habitante urbano; sua garra, voracidade, empenho individual e desamor pela coisa pública. Essa "coisa pública" é suficientemente anônima, impessoal, distante, podendo receber o ódio e a raiva ativados pelas dificuldades e frustrações. Esse ato de conquista explica também a importância da casa própria, irrazoável e justificada âncora que o imigrante lança na cidade, como garantia de não ser dela expelido por desemprego, competição e carestia.

Inegavelmente, esta vida em cidade e, especialmente, em cidade grande, não representa apenas um sensível crescimento demográfico; ela também constituiu novos hábitos, uma cultura urbana; e esta possui características novas ou, pelo menos, típicas que seria pertinente descrever.

A cidade imaginada, altamente idealizada, oferece um infinito número de opções; seja de trabalho, como de atendimento hospitalar, tipo e local de moradia, formas de recreação etc. É fácil perceber que as opções efetivas, finitas mas numerosas, não estão à disposição de todos. Sua acessibilidade depende da *região de oportunidades* do indivíduo e sua família; e esta região é limitada por pré-condições sócio-econômicas, traduzidas em situações físicas, psicológicas e sociais.

O fato desta região de oportunidades poder ser ampliada, individual ou coletivamente, não invalida o fato anterior da existência de dificuldades e limitações no livre usufruto da cidade.

(6) Os mecanismos de conquista urbana, de loteamento e apropriação do espaço de S. Paulo, foram descritos pelo autor em seu livro *S. Paulo Metrópole 65*, Ed. Difusão Européia do Livro, 1965.

Há, portanto, uma fatal inversão de expectativa; a idealização representada pela imagem bela e rica da grande cidade é contradita pela limitação de seu usufruto. Essa inversão determina um sentimento de amarga rabugice, quando não um desesperado desalento; este é tornado mais amargo, por ostensivamente conviver com o sucesso, conforto e riqueza de outros habitantes da mesma cidade. A contigüidade entre riqueza e pobreza é extremamente óbvia nas cidades, dramaticamente desnudando a injustiça de modelos econômicos e diminuindo o entusiasmo por sucessos econômicos da sociedade como um todo.

Esta contigüidade é, no entanto, escamoteada por um zoneamento que resulta na criação de zonas ricas e zonas pobres da cidade. Esse zoneamento não é sempre maquiavelicamente legislado "para afastar dos ricos a incômoda visão da pobreza"; há também uma certa ecologia "espontânea" na ocupação do solo urbano, propiciada basicamente pelo custo da terra, mas em que também atuam outros fatores; coesão familiar e étnica, estratégia da invasão; proximidade de emprego, mudanças de uso de edifícios etc.

Economia de mercado

A concentração populacional criou uma sensível economia de escala nos custos. Talvez seja este um dos motivos pelos quais o capital se remunera mais rapidamente em grandes metrópoles. Além da existência de mercado consumidor, está ele todo juntinho, pronto a receber as mensagens publicitárias. A publicidade maximiza sua eficiência na cidade. E a tem utilizado tranqüilamente como uma estrutura feita de propósito para suportar *out-doors,* cartazes, luminosos etc. A publicidade envolve o cidadão e cria a paisagem de suas atividades cotidianas. Vive ele sob a tirania da coisa oferecida que, como diz Drucker, transforma uma futilidade supérflua em necessidade psicológica[7].

(7) Não é fácil determinar o critério para a definição do que é supérfluo e do que é necessário ao homem. Em épocas não caracterizadas pelo atual consumerismo e pela sua aliada, a publicidade, igualmente ocorriam fatos de dúbia racionalidade. O mercantilismo europeu do século XVI foi motivado pelo comércio de especiarias; mas não poderia a sociedade européia sobreviver perfei-

Esta imersão numa paisagem de "coisas oferecidas", as quais, naturalmente, não podemos possuir todas, aumentam a sensação de frustração, além de acirrar a voracidade. A voracidade individual é alimentada pelo capitalismo contemporâneo na medida em que este assuma formas de um "consumirismo" desenfreado. E a cidade presta-se bem a este seu desempenho.

Além da frustração, da voracidade e da otimização do consumirismo, outra "qualidade" caracteriza o atual momento de urbanização da sociedade: a relação entre este adensamento e as infra-estruturas.

Economias e deseconomias

Na década de 1930 Le Corbusier demonstrava aritmeticamente a economia de escala inerente à substituição de 50 casas em lotes individuais por um arranha-céu de 25 andares.

A concentração de equipamento diminui a extensão de troncos de canalizações de gás, água e esgoto, assim como das redes de luz e telefone. A este benefício acrescenta-se a reconquista de espaço térreo para fins de lazer. A curva ascendente do benefício trazido pelo adensamento

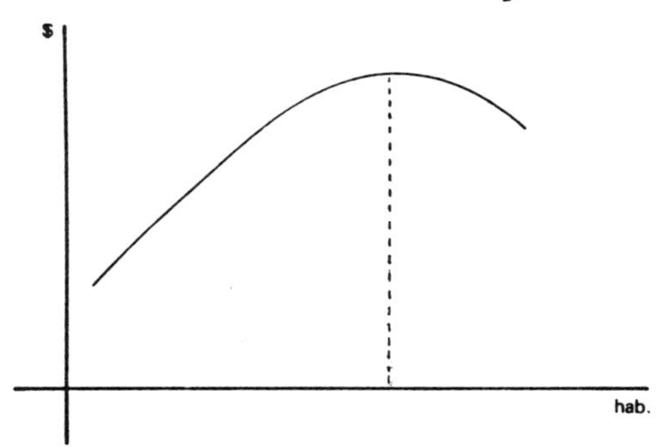

tamente sem vestir-se com sedas e sem utilizar pimenta e noz-moscada em sua comida? E quantos usavam tais especiarias? Outro exemplo: qual a necessidade vital de beber café, se há povos inteiros que não o fazem? Contudo, este hábito acarretou fatos econômicos e sociais do maior alcance: no Brasil o café está na base da acumulação capitalista, do nascimento da indústria, do desenvolvimento urbano – além do produto direto de sua exportação. A necessidade vital do produto não parece estar em proporção com a realidade de sua produção e dos fatos econômicos por ela gerados.

não é, no entanto, uma curva de crescimento contínuo; há um ponto de inflexão em que o adensamento introduz deseconomias: custos de manutenção por excesso de desgaste, substituição de equipamento, saturação de capacidade, necessidade de novas tecnologias e equipamentos, funcionamento precário e tensões provocadas por esta precariedade.

Burguesia loteia

O escritor e arquiteto Bataille[8] pergunta-se: "Assim como a Idade Média construiu catedrais, o que fez a burguesia?" E responde: "Ela nada construiu: só fez loteamentos". Em que pese algum exagero, os dois séculos de domínio político da burguesia se caracterizam, de fato, pela forte urbanização da sociedade, decorrente ou não da Revolução Industrial. E esta urbanização se processou basicamente pelo parcelamento do solo urbano, pelo florescimento dessa atividade especulativa e comercial, pela construção de edifícios, por sua vez fortemente contingenciados pelo formato e exigüidade do lote urbano. Confirmou-se a afirmação de Lefebvre[9]: "a cidade é um lugar de consumo e um consumo de lugar!"

O crescimento urbano valorizou o solo urbano e fortaleceu o comércio do seu parcelamento; tanto a legislação como a paisagem urbana adaptaram-se a esta atividade mercantil, responsável por grandes fortunas e poderosos interesses. O resultado foi ambíguo; por um lado repartiu grandes propriedades ociosas em numerosos lotes para a classe média; por outro lado resultou numa paisagem urbana vulgar, massificante e caótica. O caos foi provocado pelo mecanismo de exigências do setor privado sobre o governo local, impedindo ou dificultando qualquer ação planejada. Este mecanismo é bem representado pelo loteamento por etapas que ainda subsiste nas cidades brasileiras: numa primeira etapa, um proprietário destaca e parcela pequena parte de sua gleba, pondo à venda seus lotes; na segunda etapa os residentes do novo loteamento exercem pressão sobre o poder público para que lhes sejam esten-

(8) BATAILLE, Michel. *Sans toit ni loi*. Paris, Ed. Calmann-Levy, 1973.

(9) LEFEBVRE, Henri. *Le Droit à la Ville*. Paris, Ed. Anthropos, 1968.

didos os benefícios do asfalto, transporte, luz, água e esgoto; uma vez atendidos, pelo menos parcialmente, o proprietário passa a vender o restante de sua gleba, já valorizada pela infra-estrutura colocada pelo poder público.

Pode-se dizer que a urbanização, na era de domínio da burguesia, exemplifica um princípio comum mas pouco defensável: "o lucro deve ser privatizado mas os encargos devem ser socializados".

Outra característica decorrente dos aumentos quantitativos em cidades é a poluição crescente. A conveniência da complementaridade industrial e o mercado consumidor concentraram indústrias dentro e ao redor das grandes cidades; a mão-de-obra diversificada também atraiu atividades fabris (hoje e no Brasil, muito menos do que em Londres no início da Revolução Industrial).

E a possibilidade de se multiplicar fontes e quantidades de emprego no setor secundário, foi certamente mais atraente do que os inconvenientes da fumaça em chaminés. Voltaremos ao assunto em outro capítulo.

Além da poluição resultante de fábricas e de automóveis, é ainda preciso apontar que a produção em massa resultou em lixo em massa. Nova York enfrentava em 1971 um sério problema: onde e como dispor suas 15 toneladas diárias de lixo. Em áreas acidentadas e relativamente desocupadas, refaz-se a topografia com aterros sanitários; mas, o que fazer quando os buracos já foram enchidos ou não sobrarem vazios em volta de uma cidade?

Reciclar resíduos

Considerem-se os seguintes dados: o dejeto anual nos Estados Unidos, compreendia, em 1972:

7 milhões de carros
100 milhões de pneus
20 toneladas de papel
28 bilhões de garrafas
48 bilhões de latas.

Estas quantidades são impressionantes. E se estes materiais, em lugar de serem considerados "dejetos", passarem a constituir uma "matéria-prima"? A tecnologia de reciclagem de resíduos, já timidamente existente, poderá, por isso, chegar a constituir uma orientação econômica razoável.

A cidade grande não é, *per se*, responsável pelos hábitos de consumo e pela estrutura voraz de nosso modo de produção. Mas certamente fornece uma concentração de mercado que acelera seu crescimento, tendo ao mesmo tempo alcançado um nível de problemas extremamente difícil e oneroso de resolver.

Sintomaticamente, contudo, para a solução do problema, encorajam-se pesquisas antipoluidoras, com nova sofisticação de equipamentos, em lugar de estimular o aperfeiçoamento de uma tecnologia de reutilização de resíduos ou de ritmo mais lento de substituição de bens.

Insegurança

A cidade tornou-se grande pela imigração interna; a vida societária urbana proporciona, além de oportunidades, a liberdade do anonimato. Isto é, a libertação da coação existente em pequenos grupos sociais, em que cada membro é um controlador dos demais. A voracidade, a frustração, a pobreza e o desvinculamento ético desse anonimato, agindo sobre núcleos patológicos de indivíduos mais propensos a psicopatologias, resultam freqüentemente em comportamentos inadequados, chamados "anti-sociais", e em criminalidade. Há óbvia relação entre o crescimento da criminalidade e o crescimento urbano.

O medo de agressão, assalto, roubo e seqüestro constituem apenas parte da insegurança dos cidadãos. A esta insegurança física, acrescenta-se a insegurança econômica decorrente de elevada competição entre cidadãos e dos mecanismos brutais de ajuste de contas entre empresas e entre setores de produção.

A cidade produz um rápido intercâmbio de idéias e uma fácil e constante alteração de hábitos. O modismo, a inexistência de uma escala de valores éticos permanentes, gera sentimentos de insegurança: o cidadão não mais sabe o que está certo e o que está errado. *Viver na transitoriedade* é certamente angustiante e espelha uma das inseguranças que afligem o cidadão contemporâneo.

O apelo a soluções de força, de dúbia moral, são por isso atraentes para bom número de aflitos; é preferível, dizem estes, existir um "esquadrão da morte" liqüidando marginais, do que ficar com medo. O número crescente de governos autocráticos (quase 2/3 dos governos constituídos) pode ser parcialmente uma decorrência desta insegurança nascida da transitoriedade em que vive a sociedade, pelo viés de um apelo ao paternalismo autocrático. Um pouco na linha do "Charlie Brown" de Charles Schultz:

> O que é segurança? É estar sentado no banco de trás do carro, voltando para casa num domingo à tarde, com papai e mamãe lá na frente resolvendo tudo.

Em parte a origem da insegurança é mais básica; reside na contradição existente de um lado entre o que o homem contemporâneo pensa e o que efetivamente ele faz. A contradição, para não dizer hipocrisia, entre conceitos éticos e ação nos dias de hoje, é constantemente denunciada por jovens e intelectuais. A incoerência interna torna o homem hesitante e inseguro face aos desafios da vida em grupos cada vez mais numerosos, densos e atritantes. A hesitação torna-se mais sentida nas relações entre pais e filhos, em que estes verificam, denunciam e se ressentem da incoerência dos pais, mormente na adolescência, idade maniqueísta, exigente em coerência e participação.

Outra característica nova da cidade de hoje é constituída pelas comunicações urbanas. Não se pode dizer que o transporte tenha se desenvolvido muito. A inércia das infra-estruturas existentes e as dificuldades em renovar tecnologias, limitaram seu desenvolvimento. O metrô é apenas um trem urbano de desempenho especial; apesar de sua automação, não difere muito de seu protótipo francês do fim do século passado. As perspectivas de inovações no setor de transporte urbano, contudo, existem: o trem sobre colchão de ar, o de trilho central constituindo um motor induzido, as calçadas mecânicas e mesmo algum uso de helicópteros ou jatos individuais.

O telefone

Há, no entanto, um salto qualitativo mais importante, no setor das comunicações telefônicas. Segundo os pesquisadores da Ericson, a rede telefônica mundial crescerá nos próximos 25 anos seis vezes mais do que nos 100 anos de sua existência.

Tecnicamente apenas 10% do que hoje se conhece ainda será utilizado no fim do século. As centrais com controle e programação computadorizada já existem e a utilização de raios *laser* e *maser* já foram testados.

A utilização adequada e inovadora da telefonia sugere possíveis e importantes alterações na vida urbana: a simultaneidade da informação, o uso por todos do arquivo informativo de um computador central, a realização de plebiscitos associando telefones a computadores etc.

A situação atual e as perspectivas que sugere põem em xeque a própria noção de *continuidade física* que sempre caracterizou a definição de cidade. Se a irrigação foi a invenção tecnológica que produziu a cidade, não poderá a eletricidade (e seus filhotes) ser a invenção que produzirá a região urbanizada, ou cidade descontínua?

O automóvel

A idéia de cidade descontínua faz-nos lembrar Los Angeles, subúrbios ajardinados e... vias expressas com milhões de automóveis. Como vimos, a imagem poderia ser outra. Contudo, nos é muito difícil imaginar "cidade" sem pensar em "automóvel". Esta "invenção do diabo", no dizer de Pirandello, tornou-se a tal ponto uma meta e um mito, que obter a carta de motorista se transformou em verdadeiro rito de maioridade, um noviciado ao qual é sensível todo adolescente urbano.

Nosso compromisso com o automóvel, em que pesem os aspectos subjetivos acima, tem hoje, no entanto, algumas razões objetivas. Em sua fabricação mundial, emprega-se:

%	
22,4	de todo o aço produzido
13,5	do alumínio
12,8	do ferro
51,0	do chumbo
35,0	do zinco
44,0	do níquel
69,0	de borracha
75,0	do vidro plano
27,0	de matérias plásticas
43,0	dos rádios.

Sem falar do petróleo. . . No Brasil, a indústria automobilística cresceu entre 1972-73 a 23% ao ano (o maior crescimento do mundo) e atingiria em 1975, segundo estimativas anteriores à crise do petróleo, a produção de 1 milhão; sua participação no Produto Nacional Bruto, saltou de 3,5 para 10%. Ora, toda esta produção destina-se apenas a 4% da população brasileira, pois há no Brasil a relação de 1 veículo para cada 25 habitantes (1973); em outros países encontram-se:

Habitantes p/ veículo	
2,3	EUA
6	Alemanha
8	Itália
13	Argentina
218	URSS.

Para justificar as distorções entre os recursos investidos direta e indiretamente no automóvel, e o limitado número de usuários, não se pode apenas culpar a publicidade da indústria automobilística. Deve-se cogitar no real significado do automóvel na cidade. É de fato o meio mais confortável e versátil para nos deslocarmos. A mobilidade significa dominar a cidade, um modo de apropriação do espaço urbano. E esta mobilidade é oferecida num contexto de liberdade; liberdade de trajeto e de tempo: opções livres. O cidadão transformou seu automóvel em seu castelo, enfeitando-o, tratando-o com carinho, feito animal de estimação, com gratidão fetichista. Empresta-lhe personalidade, sendo objeto de sua livre expressão: há maneiras de conduzir, hábitos de motorista etc.

O uso e mitificação do automóvel é importante aspecto da cultura urbana; cremos associar-se à própria idéia de liberdade; alcançada por poucos mas idealizada por todos e escolhida como meta na luta individual pela conquista da cidade.

Infelizmente, também esta é uma característica urbana prenhe de problemas. Como as demais qualidades novas apontadas acima, indica termos atingido um patamar em que a coragem e a imaginação deverão necessariamente produzir novas formas de viver nos aglomerados urbanos aptos à sociedade urbanizada.

O fato das características atuais serem penosas não nos deve desanimar. "As coisas não continuarão sendo o que são, precisamente porque elas são como são" (B.Brecht).

As coisas mudam sempre. A mudança é o natural de todo processo orgânico. A não mudança é patologia ou morte. Tanto a mudança gradualista ou reformista, quanto a mudança traumática ou revolucionária, acabaram sempre sendo digeridas pela sociedade; hábitos, rotinas, relações, acabam adaptando-se a novas conjunturas ou a novas estruturas de poder.

Transitoriedade

O que parece estar marcando uma diferença no processo de mudanças de nossa vida urbana é o atual *ritmo* deste processo: a rapidez com que mudam hábitos, relações, interesses. Vivemos imergidos na *transitoriedade*. Os padrões e expectativas não mudam apenas de geração a geração; entre irmãos, com pequena diferença de idade, já surgem incompreensões decorrentes de expectativas diversas.

Examine-se o gráfico abaixo:

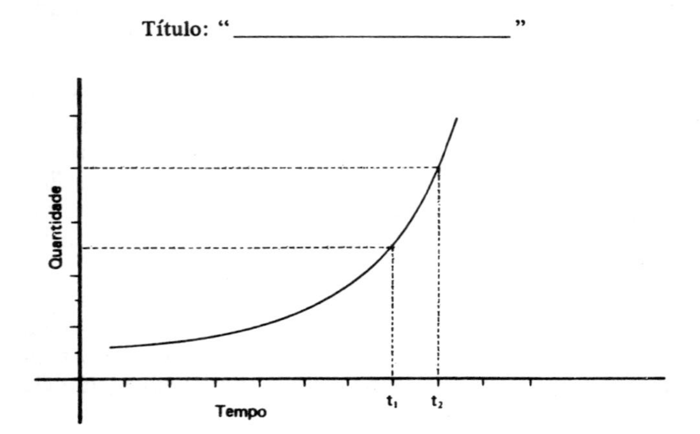

Qualquer que seja o fenômeno e título representado, os índices representativos de quantidades estão aumentando com intervalos de tempo cada vez menores. Consideráveis alterações surgem entre dois eventos separados por um tempo (t_1 - t_2) diminuto.

A transitoriedade, como vimos, gera grande insegurança. O que é bom e o que é ruim? Quais os parâmetros de julgamento? Por outro lado, exige um redobrado esforço mental; é preciso encarar e compreender cada fenômeno e cada situação, para desta compreensão tirar um conceito e nosso posicionamento relativo. Nem conceitos nem posicionamentos são garantidos por um enquadramento ideológico apriorístico. Tanto o dogmatismo como o maniqueísmo ficam cada vez mais desnudados por sua inadequação em responder às questões e ansiedades que incessantemente se sucedem.

Ciências "exatas"

Viver na transitoriedade tornou-se especialmente penoso e angustiante em virtude da atual carência de preparo filosófico. 150 anos de especialização profissional para atender as exigências da Revolução Industrial criaram uma atitude de desconfiança e desprezo pelas ciências humanas em geral. Psicologia e Sociologia ainda são consideradas ciências inexatas; mas, por outro lado, em nome de que critérios pode-se afirmar, por exemplo, que a Economia seja uma ciência exata? Planos econômicos e previsões em geral não soem ser verificados; após alguns anos eles são substituídos por *outros* planos.

Podia algum economista, em 1912, prever o desenvolvimento da economia russa, alemã, japonesa para os 30 anos seguintes? Houve por acaso alguém que tenha acertado? Ou, para mencionar um exemplo mais recente: algum plano econômico previu sequer a eventualidade da quintuplicação do preço do petróleo e a conseqüente drenagem de divisas? No entanto, continuamos hoje a tranqüilamente fazer projeções econômicas para outros "próximos 30 anos". Tais projeções são exercícios válidos e permitem especulações úteis, fornecendo ordens de grandeza. Mas dificilmente poderíamos considerá-las *exatas*. Ou sequer mais exatas do que um relatório de um sociólogo sobre a vida de um sindicato; ou de um estudo de psicólogo social sobre as motivações emocionais de cidadãos na participação democrática.

Na realidade, para enfrentar o problema de transitoriedade, não é exatidão que importa. E sim a apreensão dos *fatores dinâmicos*, a visualização global da *estrutura* de determinado fenômeno e a identificação do *vetor histórico* em que se translada essa estrutura. Isto não é pouco. Requer uma atitude humanista e abrangente; e necessita mais do que conhecimentos unidisciplinares. Se esta apreensão, se este conhecimento puder ser quantificado, conferindo-lhe condições de modelo matemático que permita operar rapidamente algumas alternativas hipotéticas, tanto melhor. Mas é a *natureza* dos fenômenos que necessitamos conhecer, para melhor enfrentar o problema da transitoriedade. A distinção entre o que é substantivo e o que é meramente adjetivo nas motivações e nos motivadores das transformações sociais e, no caso em pauta, urbanas.

O controle

Nas últimas décadas, houve muito mais esforços em "controlar" a transitoriedade, isto é, a dinâmica das mudanças, do que em compreender a natureza e as motivações dessas mudanças. Mannheim, Sartre e Lévi-Strauss constam das bibliotecas de muitos intelectuais, mas de poucos políticos e governantes.

Não pleiteamos posição de governo para os intelectuais. E sim melhor utilização dos conhecimentos por eles produzidos e a serem a eles solicitados. A ausência de conhecimentos mais profundos agravou a já existente tendência paternalista e centralizadora de governos.

Governos

Os governos comportam-se como protetores e premiam mais a lealdade do que a inovação; por isso, raramente a burocracia governamental conseguirá adotar, perante a realidade, uma atitude de observação e de desejável estímulo ao livre desempenho da dinâmica transformadora. Seu esforço de conservação e autodefesa tende a enfrentar a mudança mediante controle, quando não mediante repressão.

Não parece que essa atitude difira muito, segundo o regime ou a estrutura das relações de produção. Uma perversão institucional faz com que as organizações partidárias mais abertas à idéia da mudança se radicalizem logo após alcançar uma posição de governo (objetivo de qualquer partido), passando então a autoproteger-se com igual fobia por transformações.

O controle, como resposta governamental à aceleração das tensões "transformistas", foi aparentemente um dos primeiros e mais genuínos motivadores para o surgimento e utilização do planejamento. Costuma-se dar mais importância a um outro filão histórico: a busca da racionalidade nas decisões. Esta busca vincula-se historicamente ao *taylorismo*, como bem aponta Friedmann[10]. O que Taylor denominava "gerência científica" era na realidade planejamento (segundo Rexford Tugwell e Edward Banfield). Sua meta era a eficiência e não havia então diferença conceitual entre crescimento e desenvolvimento.

O primeiro país a aplicar o planejamento à Taylor, na escala de economia nacional, foi a União Soviética, com seus planos qüinqüenais; em que pesem seus resultados sociais, as próprias autocríticas soviéticas indicam que os saldos quantitativos foram no entanto fruto de esforço hercúleo e não de um aumento de eficiência.

Na realidade, pouco importa para este livro uma exegese histórica para identificar as origens do planejamento. Reconhece-se que tanto o esforço controlador como a busca de eficiência desempenharam seu papel. Mas controle e eficiência formam um estranho casal para esse filho tão esperado: o planejamento. Como poderia ele, ao mesmo tempo, agradar e obedecer simultaneamente a ambos se, por outro lado, lidava com uma realidade tão desobediente e cheia de movimento, tensões, transformações e moventes emocionais? O resultado está marcado por frustrações: processos incontrolados ou mesmo imprevistos, a realidade se comportando sem a eficiência programada, papel e mais papel acumulando-se em gavetas ou, na melhor hipótese, em bibliotecas. Enquanto isso, a sociedade continuava a modificar-se, a economia a crescer com crises — e os governos a atuarem, como uma organização lenta e complexa, interagindo com outros tipos de organizações também crescentemente complexas, porém mais ágeis.

(10) FRIEDMANN, John, *Retracking America: a theory of transactive planning*. Nova York, Ed. Anchor Press-Doubleday, 1973.

Tende-se a concordar com o psicanalista W. Bion: as Leis da Natureza não são feitas para a natureza; o trovão não necessita conhecê-las para trovejar; são os homens que delas necessitam, para conhecer mais e temer menos.

Planejamento

Seria tudo inútil? É o planejamento inviável ou mesmo supérfluo? O sonho utópico de todo planejador deveria ser a inexistência do planejador. Neste sonho, todos os cidadãos, ao perseguirem espontaneamente seus projetos de vida individuais, não estariam conflitando nem com projetos alheios nem com interesses coletivos. Em um mundo assim, não haveria necessidade de um planejador dizer a outros cidadãos o que convém ser feito.

Mas a realidade é menos utópica; e o planejador talvez possa ainda contribuir ao desenvolvimento da sociedade; não criando mecanismos eficientes para frear ou controlar, e sim propondo instrumentos para conhecer, estimular e induzir constantemente os cidadãos e as organizações a transformar suas vidas e sua ação. A favor da vida e não contra. Como diz Friedmann,

> o planejamento não trata apenas da instrumentação eficiente de objetivos; é também um processo pelo qual a sociedade pode descobrir seu futuro.

Sem substituir-se, de forma onipotente, à realidade e sim nela se inserindo, ao urbanista, ou planejador urbano, cabe parte da responsabilidade de compreender e propor importantes alterações na estrutura e na vida das cidades. Numa sociedade aceleradamente em processo de urbanização e vivendo no tenso clima da transitoriedade permanente, cabem-lhe tarefas substantivas.

Que condições possui para um desempenho razoável?

2. ALGUMAS PRECISÕES SOBRE URBANISMO E QUEM O PRATICA

"A chamada crise urbana é, antes de mais nada, uma crise de imaginação e de coragem."

K. DOXIADIS

Dizer aos outros o que devem fazer não foi o ponto de partida do planejamento; trata-se apenas do ponto de chegada, do beco sem saída, de uma forma particular de conceituar planejamento. Esta forma particular poderia denominar-se "planejamento *controlador*" ou "planejamento *alocativo*" ou "planejamento *tecnocrático*".

O planejamento nasceu, como teoria e como prática profissional, do desejo de controlar processos de transformação social e da necessidade de otimizar recursos escassos pelo viés do aumento de eficiência. Não é por acaso que seu objetivo central era a eficiência e seu enfoque pragmático.

A Europa do entre-guerras (1919-1939) não era o continente fervilhante, rico e perplexo que hoje conhecemos; nem suas populações se entrecruzavam turisticamente; nem havia a televisão derrubando fronteiras e criando o que Drucker denominou o *shopping center* mundial, em que cada povo situa-se, em relação a outro, segundo a comparação entre quanto dos mesmos produtos, anunciados na TV, é capaz de consumir. Não se vivia o "consumirismo" e sim a escassez.

Profundamente traumatizados pela crise econômica de 1930, amedrontados pelo desemprego, a instabilidade gerada pelas transformações latentes criava um medo novo.

Equilíbrio ilusório

A classe média que tranqüilamente aceitava o fascismo agarrava-se à ilusão do equilíbrio, da estabilidade, da não-transformação social. Foram décadas em que se buscava otimizar a racionalidade de processos com receio de criar inovações; pois estas poderiam gerar descontroladamente inovações em cadeia. E onde iríamos parar? A racionalidade deveria dirigir-se à otimização do que já existia, em um aperfeiçoamento pragmático que não rompesse as regras do jogo e tirasse o máximo proveito dos recursos já existentes.

Filhote do taylorismo industrial, nasceu o planejamento europeu teoricamente apoiado na sociologia de Max Weber. Talvez seja injusto citar apenas este autor para retratar um tipo de planejamento vinculado às circunstâncias e enfoques acima mencionados. Mas ajuda à argumentação.

Neutralidade do técnico

Pretendia Weber[1] (e mormente alguns de seus seguidores) que o planejamento deveria permanecer *neutro*, desligado da política. Para melhor compreender uma realidade, deveria o planejador ater-se aos fatos, constatar situações, quantificá-las se possível, analisá-las e propor medidas de pura decorrência; sem tentar envolver-se na valorização dessas situações nem tentar propor normas que implicassem uma posição ética ou política do planejador.

Buscava-se o não-envolvimento com o intuito de fazer ciência "pura"; portanto, mais exata. Desta forma seria

(1) MAX WEBER, *Ensaios de Sociologia,* Zahar, Rio, 1966 e *Sociologia da Burocracia,* Zahar, Rio, 1966.

possível uma análise descomprometida, neutra, útil; e para qualificar o planejamento, restaria otimizar sua eficiência intrínseca, seus métodos de análise, a clareza de suas conclusões.

Esse planejamento puro resultou em considerável aperfeiçoamento metodológico e em insuficiente ação sobre a realidade; esta continou se transformando, pouco ligando para os volumes e mais volumes de importantes relatórios brilhantes e neutros, porém sem vínculos com os agentes e atores das transformações: pessoas em cargos de governo, pessoas sem cargos participando das transformações etc.

Esse planejamento apoiava-se em fatos; mas, como diz Drucker, quem decide são pessoas e não fatos. Para ter algum resultado, o planejamento pode utilizar fatos mas deve envolver as pessoas.

Seus autores, contudo, não se importaram com a ineficiência dos planos. Sua tarefa estava cumprida. Se os clientes quisessem aproveitar ou não os diagnósticos e recomendações, não era preocupação de um técnico. Este apenas deveria preocupar-se com a tarefa bem feita.

Este conceito de planejador ainda perdura. Fracassos a prazo longo não são avaliados e sim substituídos por novos planos. Ao mesmo tempo ocasionais sucessos a prazo curto permitem avaliações contábeis de grande prestígio. Isto permite adiar o questionamento dos *objetivos* do planejamento, limitando a questão a problemas localizados de eficiência, formas de cálculo, técnicas operacionais etc.

O tecnocrata

Ocasionalmente, graças ao prestígio social ou modismo que ilumina todo o grupo profissional, um ou outro técnico é guindado a uma posição executiva; recebe certa dose de poder, conferido pelo cargo que ocupa. Se ele participa da visão neutra acima descrita, poderá tentar impor a implantação de um plano. Se der certo, sua onipotência estará alimentada. Se não der certo, ainda poderá conservar a ilusória satisfação de sua pretensa onisciência.

Para efeito de argumentação, definimos o *tecnocrata* como sendo este técnico guindado a uma posição executiva e segundo a qual o planejamento deva ser uma práxis baseada em "fatos" e não em valores. Sua preocupação em manter as mãos limpas, em lidar com dados objetivos, em evitar motivações "inexatas" (sociológicas e psicológicas), encerra-o numa torre de marfim. Alheia-se daquela realidade dinâmica que tanto desejava analisar e diagnosticar.

O planejador tecnocrata é bem representativo do esforço de controlar a realidade (e os cidadãos); o controle é aqui entendido como uma tentativa de impor uma teoria sobre a realidade; mesmo ao preço da diminuição da liberdade do cidadão para quem, supostamente, ele está planejando. A implantação de um planejamento controlador, imposto por tecnocratas, encerra de fato tal risco.

Alocação de recursos

Dentro dos diversos estilos de planejamento controlador, há um que se preocupa com a otimização na distribuição, isto é, na alocação de recursos. Friedmann o denomina "planejamento alocativo". É o melhor filhote da necessidade de otimizar recursos escassos, pois pretende distribuir tais recursos, da melhor forma possível, sem considerar realmente a possibilidade de inventar recursos novos.

A descrição acima revela que tal tipo de planejamento parte de uma constatação entrópica do mundo; ele está em equilíbrio, todos os elementos estão presentes, o jogo do planejamento consiste em mudar a posição relativa dos elementos para que nada desmorone, pois, tudo precisa continuar em equilíbrio. No melhor dos mundos, diria Voltaire.

No entanto é o próprio Candide quem responde a Pangloss:

Pangloss – Sentemo-nos agora e falemos sobre a harmonia perfeita.

Candide – Não, não falemos sobre a harmonia perfeita, porque tal coisa não existe. Esforcemo-nos, porém, antes que a morte advenha, em dar algum sentido à vida.

A noção de equilíbrio é típica do planejamento alocativo; o melhor exemplo é o orçamento plurianual. Peça necessária de qualquer administração pública, baseia-se na alocação de recursos existentes ou previamente previstos. Não propõe alteração alguma na regra do jogo; evita imiscuir-se, permanecendo neutra. Mas é de neutralidade dúbia.

Napoleão disse, referindo-se a um general excessivamente neutro e tecnicista:

> Pouco importa que ele não se ocupe de política; a política acabará ocupando-se dele.

Como diz Friedmann: O planejamento alocativo se concentra mais na descrição de possíveis situações sistêmicas do que no processo de transformar a sociedade[2].

Segundo esta concepção, a tarefa de transformar é dos políticos, não dos técnicos chamados planejadores.

Mas esta pretensa neutralidade do orçamento-programa, confirmando o *status quo* do poder executivo, toma partido, faz política, reflete interesses; na melhor das hipóteses refletirá o "interesse coletivo", diferente do "interesse de todos", implicando opções e portanto, parcialidade e não neutralidade técnica.

Para defender-se de tais conflitos, evitando identificar quem é o cliente do planejamento, o planejador alocativo escuda-se atrás do biombo de uma visão harmoniosa da sociedade. Seu planejamento global envolve uma situação de equilíbrio em que as tensões porventura existentes não pertencem ao quadro em que se insere a tarefa de planejar:

> otimizem-se os recursos ora existentes, pois não depende de nós qualquer alteração da situação.

Excluir eventos novos

O equilíbrio do sistema é bem representado por modelos matemáticos na medida em que estes meramente objetivem projetar situações. Estas projeções só podem ser feitas excluindo-se o advento de qualquer evento novo.

Os modelos permitem assim o jogo abstrato das possibilidades. E como tal, são instrumentos úteis para espicaçar a imaginação do planejador. Úteis, desde que sejam considerados insumos informativos e não produto final do planejamento.

O fascínio do número e do jogo tem, no entanto, feito com que tais modelos e projeções sejam freqüentemente aceitos como o objetivo do planejamento, conferindo à tarefa – apesar de não concluída – um halo de cientificidade pretensamente suficiente.

(2) FRIEDMANN, op. cit.

Nem tanto ao mar, nem tanto à terra. Não se jogue ao opróbrio todo e qualquer orçamento-programa, nem se adjetive tanto planejador bem intencionado e competente de "traidor do povo, vendido a interesses escusos" etc.

Reflitamos. Não há como fugir da necessidade governamental de alocar recursos determinados; esta alocação implica critérios de prioridade; a adoção desses critérios não é apenas financeira e sim política, em seu sentido mais lato.

Neste contexto, por exemplo, um "orçamento-programa" deixa de ser um mero instrumento de alocação tecnocrática, quando ele estiver representando uma das estratégias explícitas, inseridas em uma política de governo.

Atuação partidária

Há autores que defendem uma posição inversa, igualmente radical e falsa. O apego aos objetivos substantivos do planejamento não é sinônimo de uma *atuação* político-partidária imediatista por parte do planejador. Este, como qualquer cidadão, poderá ser militante de algum partido político; nesta condição objetivará implantar táticas de conquista do governo, pois esta é a finalidade de qualquer partido político; através desta tomada de poder, poderá ser implantado o ideário do seu partido que sempre é identificado, por seus membros, como o ideário que convém à nação.

Mas, na prática de planejamento, o objetivo profissional não é a tomada do poder por parte de um partido. A participação social da tarefa profissional não é necessariamente político-partidária. A transformação da realidade, no sentido do seu desenvolvimento implica valores, normas, conceitos e ideário. Mas o objetivo da tarefa profissional limita-se a contribuir à identificação, ao estímulo e à libertação dos elementos criadores que, por sua vez, e em relativa liberdade, encontrarão o adequado caminho para as transformações. No fundo, é uma atitude de respeito para com a realidade e a sociedade. E não uma atitude de controle sob a máscara de fria e neutra indiferença; nem de controle pela imposição de cima para baixo de um ideário político-partidário.

Política e planejamento

Não há como evitar "sujar-se" as mãos quando se põe a mão na massa; isto é, pôr a mão na massa significa aceitar o vínculo existente entre política e planejamento.

Não somos nem os primeiros nem os únicos a dizê-lo. Karl Mannheim (1893-1947)[3] é quem, com maior clareza e profundidade, lançou as bases de uma sociologia do planejamento. Em seu livro *Ideologia e Utopia* descreve duas formas de pensamento: o *pensamento ideológico*, preocupado com a justificativa e explicação de uma situação existente; e o *pensamento utópico*, preocupado em transcender a situação e voltado para uma situação futura e socialmente desejável. Considerando o planejamento como a forma moderna da relação pensar-agir, superando as eras da descoberta casual e da invenção, Mannheim propõe uma práxis voltada para a transformação da sociedade. O planejador deveria utilizar-se de um pensamento utópico que lhe permitisse atribuir valores e normas à sua conceituação. Contrariava, destarte, a posição weberiana que desejava o exame de fatos independente de seu valor.

Um planejamento que se preocupa em definir valores acaba levando a um enfoque forçosamente político; o planejamento, segundo Mannheim, não pode estar desligado da política e os fatos analisados nunca são puros, dependendo sua interpretação da perspectiva em que os situa o planejador. Ou, como se diria mais tarde, do sistema ao qual pertence.

A função da utopia

O planejador só poderá ser um profissional atuante se adotar um comportamento de cidadão; isto é, se o seu envolvimento intelectual e emocional com as coisas da vida lhe der condições para estabelecer conceitos, normas, parâmetros que representam um futuro desejável e proposto. A utopia não é para ser alcançada; serve, sim, para definir vetores e permitir estratégias transformativas da sociedade.

(3) MANNHEIM, Karl. *Liberdade, poder e planificação democrática.* São Paulo, Ed. Mestre Jou, 1972.

Idem. Ideologia e Utopia. Rio de Janeiro, Ed. Zahar, 1972.

O urbanista, ou planejador urbano, situa-se precisamente nesta condição. Para que suas recomendações sejam válidas e implantáveis, é preciso que ele identifique os moventes da vida urbana, os seus fatores geradores; é necessário que conheça o pensamento coletivo, ou pelo menos, suas críticas e expectativas; e, finalmente, deve fazer um esforço de propor ênfases num setor ou outro, revelando opções no estabelecimento de uma estratégia de transformação da realidade urbana.

Há, para o urbanista, a necessidade de uma posição ética. Não necessariamente codificada segundo escolas ou ideologias. Porém lúcida quanto ao que se quer (os objetivos) e modesta quanto ao que se pode.

Um contrato social

Estabelece-se entre o urbanista e os cidadãos uma espécie de contrato social. O profissional tenta interpretar os movimentos da sociedade urbana: sua dinâmica, tensões, as resultantes das forças individuais em sua perseguição dos projetos de vida; estes movimentos identificam-se sob forma de hábitos, repetições, padrões comportamentais, traços culturais; são sistemas de vida urbana, de maior ou menor preponderância.

O urbanista passa a analisar as estruturas físicas e administrativas que servem, bem ou mal, de apoio aos sistemas acima; sua qualificação profissional lhe permite identificar carências e ociosidades; isto é, a carência estrutural ou as estruturas sem uso suficiente ou adequado.

Ao propor uma estratégia de intervenção, através de ações lúcidas, devolve no entanto o urbanista aos cidadãos a tarefa de realizar a transformação implícita na estratégia. Pois as efetivas transformações na vida urbana podem ser apenas iniciadas, provocadas, induzidas pelo poder público, a partir da proposta do urbanista; a total implementação da transformação será sempre coletiva, gradual e lenta.

Um urbanismo democrático

Não há urbanismo sem urbanista. Mas tampouco há urbanismo sem cidadãos. Chamemos este novo urbanismo de *urbanismo democrático,* pois, voltando à origem etimológica, é um urbanismo em que boa parte do governo e das decisões são tomadas pelos cidadãos.

Um urbanismo que não foge à conceituação, à escolha de valores e que entrega aos usuários boa parte das decisões; é um urbanismo diferente daquele que se limita a otimizar recursos, a alocá-los, a produzir formas de controle, a produzir planos em lugar de implantar processos de planemento.

A diferença entre urbanismo controlador e urbanismo democrático reside, inicialmente, na posição assumida pelo urbanista no contrato social que tacitamente se estabelece.

Uma lei de uso do solo é, por definição, um instrumento disciplinador. Dentro de uma óptica controladora a ênfase será posta na perfeição, residirá na eficiência de sua execução e de se evitar a burla. Dentro de uma óptica democrática, a ênfase residirá na adaptabilidade a novas situações, às formas de sua correção gradual.

Decorrências metodológicas

No entanto, a diferença, sutil e tênue, uma mera diferença em ênfases, acaba determinando metodologias e técnicas de elaboração diversas. Um planejamento democrático se preocupará em descobrir e em ativar os fulcros geradores de transformações urbanas. Para tal, entrevistas e leitura de jornais locais poderão, às vezes, ser mais significativas do que uma completa pesquisa domiciliar; certamente será mais útil uma interpretação sociológica, cheia de riscos (e de idéias a testar), do que uma tabulação generalizadora de fatos cuja importância relativa os dados não evidenciem. Para compreender sistemas de vida, poderá haver atalhos; devemos, por isso, descobrir métodos em que a intuição possa ser verificada e mesmo quantificada quando necessário.

Um processo

O estilo de urbanismo que propomos preocupa-se em estabelecer estratégias e em institucionalizar um processo local de planejamento. Não é possível, nem importante, tudo prever. O importante é identificar o que *gera transformações,* quais os moventes do desenvolvimento urbano.

Mannheim denominava estas forças motrizes da sociedade de *principia media.* Friedmann define um estilo de planejamento com estas características de *planejamento inovador,* opondo-o ao estilo alocativo.

Urbanismo inovador

De fato, o planejamento democrático é inovador. Ele inova recursos – financeiros e humanos – ao mobilizar os recursos de cidadãos, individual ou coletivamente; nesta tarefa o poder público assume o papel de promotor das transformações; ele desencadeia processos, sem precisar preocupar-se em demasia com o controle das conseqüências. É inegavelmente um processo ousado e cheio de riscos, e implica confiar nas possibilidades criativas dos cidadãos. É nesta confiança que se reafirma seu caráter democrático.

Discorreu-se sobre dois estilos ou formas de planejamento urbano: o controlador ou alocativo e o democrático ou inovador. No entanto, é preciso admitir que esta disciplina está cercada de expectativas e mal-entendidos, convindo esclarecer o que dela efetivamente se pode esperar. Alcance e limitações.

Expectativas

A *primeira expectativa* prende-se à esperança de uma "*melhora*" na situação da vida urbana. O que se entende por "melhora"? Um crescimento da economia, com aumento do mercado de trabalho e aumento de produção? Uma racionalização dos processos, acarretando menor esforço individual e aumento da produtividade? Ou uma economia nos gastos públicos, através de medidas disciplinadoras? Ou, ainda, uma diminuição de conflitos e tensões sociais, objetivando uma harmonia entre classes?

Nenhuma destas expectativas parciais atende, isoladamente, à "melhora" esperada. Mas todas têm algo a ver com a resposta; pois o desenvolvimento urbano implica crescimento da economia e aumento do nível da qualidade de vida.

O futuro

A *segunda expectativa* refere-se ao futuro. Todo planejamento implica futuro. Sem ser necessariamente um sinônimo de futurologia. Se a predição fosse possível, aliás, não haveria sequer necessidade de planejamento. O futuro comparece na medida em que o pensamento utópico propõe um objeto possível e desejável, permitindo a elaboração de normas e valores para a situação presente, orientadas na direção da utopia proposta. O futuro comparece, igualmente, na medida em que se conceitua desenvolvimento urbano como transformação, um vir-a-ser constante. Neste conceito o futuro não é um "produto acabado" e sim uma imagem que ilustra o pensamento utópico, balizando as decisões a serem tomadas desde já; o objetivo da transformação é mudar de uma situação em que se diagnosticam algumas precariedades para outra situação em que estas precariedades possam estar superadas, revelando-se, então, precariedades novas.

Assim como o futuro não é um produto acabado, tampouco pode o planejamento determinar quais as decisões que serão tomadas pelos homens no futuro; em vão se estabelecem táticas para quem não está no poder hoje. As decisões só podem ser propostas para as pessoas de hoje.

O futuro não é a projeção de uma série histórica. Esta pode dar-nos uma e apenas uma imagem de possível futuro; desde que nada de novo interfira, nos anos a vir, no vetor das alterações de determinado fenômeno. Num período curto, corre-se menos riscos de surgir um fato novo; mas que alcance, significado e uso, terá uma projeção de 25 anos ou mais? Qual a probabilidade de, durante este período, não ocorrer evento novo e significativo algum?

A eliminação de fatos novos fará com que cada projeção não represente o futuro; e sim uma abstração: útil apenas enquanto alternativa e fornecendo um parâmetro para nossa imaginação. Inegavelmente a projeção de uma série é útil; mas não deve ser assumida como uma revelação do futuro, nem como o objetivo substantivo do planejamento.

A salvação

"Crer na revelação" é uma expressão que identifica a *terceira expectativa* em relação ao planejamento: a *salvação,* a panacéia que transformará magicamente nossas mazelas urbanas em paraísos terrestres. Mais uma das mitificações correntes. O urbanismo não é salvação. É muito menos, porém muito mais. É menos porque não passa de uma forma moderna de pensar a situação e administrar um organismo vivo em constante transição; – é preciso pensar e decidir o que se quer, estabelecendo uma estratégia de indução de grande significado e potencialidade.

Uma definição

Apontadas as expectativas de melhora, futuro e salvação, examinemos algumas definições. Inicialmente, uma definição proposta por Drucker[4] para o planejamento em geral:

> Planejar é o processo contínuo de tomar decisões, empreendedoras e atuais de forma sistemática e com o melhor conhecimento possível de sua futurabilidade, organizando os esforços necessários para efetivar as decisões e avaliando periodicamente os resultados dessas decisões, face às expectativas, por meio de uma realimentação, igualmente organizada e sistemática.

Isolemos didaticamente os termos fundamentais desta longa mas coerente definição:

- processo
- decisão
- futuro
- esforços organizados
- realimentação.

O catalisador

Onde está, nesta definição, o sagrado "plano", aquele famoso volume? Comparece ele, como mero instrumento, na medida em que instiga ou apóia um processo contínuo. No Brasil este volume é um pretexto necessário, pois o atraso em legislação, a necessidade de modernizar a organização chamada governo municipal, a ausência de profissionais em número suficiente, a centralização do efeito catalisador de seu diagnóstico e, finalmente, o caos provocado pelos loteamentos, fazem do plano o catalisador, o

(4) DRUCKER, Peter. *The age of Discontinuity*. Londres, Ed. Heinemann, 1969.

Idem. Technology, Management and Society. Londres, Ed. Heinemann, 1970.

motivador e freqüentemente o atraente iniciador da revitalização chamada "processo contínuo de planejamento".

No entanto, em que pese a importância conjuntural do plano, é preciso entendê-lo como um instrumento dentro de uma práxis de âmbito mais lato. Este instrumento é especialmente útil no Brasil, onde a mitificação rápida possui uma dinâmica eficaz. A atração pelo novo é maior do que o senso crítico; aceita-se o plano, em que pese os interesses que ele fere, em virtude da atraente imagem de modernidade que vem em seu bojo. Os volumes de "plano diretor" têm, por isso, servido ocasionalmente como prestigioso símbolo de modernidade administrativa.

É importante sublinhar que o planejamento objetiva a tomada de *decisões*. Antes de investigar os resultados da teoria das decisões, em que se procura otimizar o processo, tornando-o menos subjetivo, convém examinar a anatomia de uma decisão.

Mesmo quando subjetiva e temperamental, uma decisão não deixa de conter objetivos, expectativas, comandando uma ou mais ações. Drucker tenta revelar a anatomia de uma decisão correta. Acrescenta o contexto aceito, os fatos assumidos sem contestação; estes somam-se aos objetivos e às expectativas, definindo efetivamente a decisão. Esta cria um vetor de ação, implicando sempre uma escolha entre alternativas, assim como um julgamento de valor. Como dissemos acima, os fatos não decidem, são os homens que decidem; os fatos apenas informam, parcialmente, a decisão, estabelecendo os parâmetros das alternativas.

A decisão acarreta um vetor de ação e possui uma estrutura própria; pode constituir um ato simples ou um encadeamento causal de ações inescapáveis e sucessivas. Convém que a decisão seja informada por uma estimativa prévia do impacto que esta estrutura causará, a fim de compará-la com as expectativas existentes, fazendo-se finalmente um resumo dos resultados esperados.

Uma questão de semântica

Cabe, ainda, neste capítulo uma precisão de ordem semântica: *urbanismo* ou *planejamento* urbano?

O crescimento de cidades alcançando dimensões de metrópole (como Paris, Buenos Aires e, em menor escala

Fortaleza); a fusão de cidades sob forma de grandes conurbações (como Londres e São Paulo); o surgimento de vastas regiões urbanizadas de forte homogeneidade (como o Leste dos EUA e o Vale do Paraíba), são todos fenômenos característicos da urbanização neste século. Por causa da ocorrência desses fenômenos novos tem-se questionado a manutenção do vocábulo "urbanismo", pois o tema dessa arte e ciência não pode limitar-se, em muitos casos, a uma única cidade ou "urbe" e sim a um conjunto de cidades, a um aglomerado urbano. Este é um dos motivos da substituição do vocábulo "urbanismo" por expressões mais usuais: planejamento urbano, planejamento físico, ordenação do território etc.

Há outros motivos para essa substituição. O grande crescimento da economia mundial trouxe uma prevalência de preocupação, métodos de análise e atuações pertencentes ao domínio das ciências econômicas. O termo "planejamento" é genérico e foi cunhado e divulgado principalmente através dos planos econômicos e planos de desenvolvimento de diversos países. Na América Latina, a influência da CEPAL (Conselho Econômico para a América Latina, das Nações Unidas) e seus valiosos esforços no sentido da modernização e do desenvolvimento se traduziram desde 1960 pelo salutar hábito de planejar e, incidentalmente, de elaborar planos. Este hábito divulgou na América Latina o vocábulo "planejamento" em lugar do acadêmico urbanismo.

Le Corbusier

Um terceiro motivo pode ser apontado para essa substituição e é citado para apontar importantes premissas históricas: o reviver do urbanismo como atividade necessária à sobrevivência das cidades, iniciado por alguns notáveis arquitetos europeus; reunidos em congressos e reuniões, convocaram 11 Congressos Internacionais de Arquitetura Moderna (CIAM, 1928-1959) e elaboraram um documento em que sintetizavam os preceitos com que pretendiam nortear o urbanismo contemporâneo (*Carta de Atenas*, 1933). Nesta carta definiam as quatro funções básicas da vida urbana: *habitar, trabalhar, circular* e *recrear-se*. Além da participação de Gropius, Giedion, Sert e outros, o grande animador desses debates foi indiscutivelmente Le

Corbusier (1887-1965), cujas teses de urbanismo moderno foram expressas em diversos manifestos enfáticos e livros (*Ville Radieuse, Quand les Cathédrales étaient blanches, Manière de penser l'urbanisme, Propos d'urbanisme* etc.).

Ora, Le Corbusier, lutava na Europa contra o urbanismo acadêmico e formal, o então vigente "desenho de cidades". E apelava para um maior rigor científico e um enfoque mais humano, isto é, um enfoque psicológico, sociológico, econômico, antropológico e cultural.

Em textos posteriores, alguns autores identificaram "urbanismo" como o acadêmico e formal desenho de cidades, enquanto o "planejamento urbano" seria a prática então nova, moderna, pluridisciplinar e científica.

Assim, por motivos diversos, o vocábulo urbanismo que, contudo, ainda parece preciso e suficiente, desde que inserido no contexto dos problemas atuais, passou no Brasil a ser, por ora, substituído por uma expressão sinônima prolixa: *planejamento do desenvolvimento local integrado*. Esta designação foi cunhada pelo SERFHAU (Serviço Federal de Habitação e Urbanismo, do Ministério do Interior) e deseja expressar os seguintes conteúdos: o planejamento urbano deve ser dinâmico, sempre objetivando o desenvolvimento, entendido como melhoria da qualidade de vida. O planejamento implica atividades coordenadas e previsão. O âmbito geográfico desse planejamento é, em cada caso, o "aqui" de quem o empreende; este "aqui" deve ser o município ou, mesmo, a sua cidade sede.

Finalmente, o planejamento deve integrar aspectos e disciplinas diversas: o campo *físico*, compreendendo as estruturas e infra-estruturas, de responsabilidade de arquitetos, paisagistas, geógrafos, engenheiros e comunicadores visuais; o campo *econômico*, compreendendo as estruturas produtivas, os aspectos financeiros e econômicos, inclusive a elaboração de orçamento plurianual, de que participam os economistas; o campo *social*, compreendendo recursos humanos, assistência médica e estruturas de ensino, relações e mudanças sociais, de responsabilidade de sociólogos, psicólogos e políticos; e o campo *administrativo* ou institucional, compreendendo os instrumentos legais e administrativos de implantação do processo de planejamento, de responsabilidade de técnicos de administração.

A integração desses campos, na prática do urbanismo, não permite sua separação nítida, a não ser para o desempenho de tarefas específicas ou para fins didáticos. As principais medidas resultantes de uma decisão urbanística têm geralmente alcances integrados: zoneamento tem alcance físico e econômico, a melhoria de recursos humanos tem alcance econômico e pode às vezes ser decorrente de uma obra física (construção de um teatro, por exemplo).

No caso de boa parte dos planos urbanísticos elaborados recentemente no Brasil, ainda ocorre, no entanto, uma divisão setorial destes campos que deveriam estar integrados. O resultado esquizofrena o diagnóstico e revela um método de trabalho pouco interessado na efetiva mudança de situações problemáticas, pois qualquer estratégia voltada para a transformação será forçosamente interdisciplinar.

Áreas de estudo

É, também, preciso salientar que o objeto de uma tarefa urbanística não é sempre o plano de uma cidade; pode também limitar-se ao planejamento de um setor urbano (um distrito industrial, como o de Aratu e Londrina ou um vale, como o do Tietê, ou um conjunto habitacional como o da CECAP em Guarulhos). Quando o urbanismo se aplica a um setor urbano é freqüente descer-se a detalhes; passa-se do nível de plano para o de um desenho urbano e, às vezes, para o de projeto detalhado, permitindo a execução de obras.

Plano e projeto

Com a substituição de vocábulos, também se escamoteia, involuntariamente, a existência de diversos níveis de atuação na prática profissional que objetiva a mudança e o "embelezamento das cidades"[5]. O nível de planejamento e a elaboração de planos referem-se sempre a generalidades: estratégias, políticas, intervenções indiretas, legislação. Se a transformação da realidade urbana tiver que ser efetivada, deve-se passar a um outro nível de elaboração: o do projeto. E se a transformação for de natureza física (uma obra a construir, uma via, um espaço, uma área verde etc.), o projeto será um projeto detalhado.

(5) "Embelezamento das cidades" é uma antiga definição de urbanismo, talvez incompleta, porém correta.

Arquiteto e equipe

Este nível mais detalhado de atuação ainda é "urbanismo", mas já deixou de ser plano para ser projeto. A freqüência com que se desce ao nível do projeto de obras físicas indica a posição preponderante do arquiteto nas equipes pluridisciplinares. A semelhança de mecanismo mental com que se aborda os problemas de um projeto e os de um plano, assim como as características humanistas, globalizantes e formais de sua formação, fizeram dos arquitetos os primeiros batalhadores pela renovação urbana e geralmente os inovadores dos conceitos e metodologia urbanísticos. Sua visão espacial conferem-lhe um papel *sui generis* nas equipes pluridisciplinares.

O desempenho do urbanismo, especialmente quando a escala do problema é toda uma cidade, é no entanto sempre tarefa de equipes pluridisciplinares. Elas procuram elaborar trabalhos integrados; esta integração depende, contudo, da maior ou menor clareza de conceitos e de objetivos, assim como de uma desejável posição filosófica ou conceitual homogênea. As ocasionais dificuldades de integração nessas equipes talvez sejam decorrentes menos da complexidade do tema, do que da formação universitária em que as diversas disciplinas ainda são, na maior parte dos casos, separadas em escolas autônomas. Talvez venham a ser mais eficientes os desempenhos das equipes quando forem criados "Institutos da Cidade" nos quais, dentro de universidades, pessoas de profissões diversas, produzirem, em conjunto, o conhecimento necessário ao desenvolvimento dos aglomerados urbanos (ver Cap. 9).

Frustrações

O urbanismo brasileiro enfrenta hoje impasses metodológicos e conceituais semelhantes aos de outros países. As expectativas dos planos são freqüentemente frustradas pela não implantação da maioria das medidas preconizadas. A razão desta frustração encontra-se em primeiro lugar na multiplicidade de interesses conflitantes que caracterizam a vida urbana; uma norma disciplinadora dificilmente é igualmente satisfatória para todos.

Como dizia J.-J. Rousseau: o "interesse coletivo não é a mesma coisa que o interesse de todos". Por outro lado, a crescente burocratização das administrações afugenta a participação dos usuários, estiola a capacidade criativa do setor público e estabelece pequenos poderes conservadores avessos a qualquer mudança. Finalmente, as frustrações podem ocorrer de uma inversão de expectativas em que o equívoco reside na errônea expectativa dos profissionais do urbanismo; são eles freqüentemente isolados numa esfera tecnocrática que substitui a realidade pela idealização do plano. Pouco interessados ou obstados em seus esforços de transacionar a implantação de um real processo de planejamento e mudanças, são os planos freqüentemente limitados a um diagnóstico por vezes exaustivo em dados, mas pouco preocupado em provocar as mudanças necessárias[6].

A transação

A *transação* definida por F. Friedmann como o processo de negociar a implantação de plano e planejamento só pode ser feita através de diálogo entre interessados: técnicos, cidadãos e poder público. E este diálogo pode ser provocado e mantido através de táticas de indução; por meio destas, toca-se num ponto sensível e polêmico da vida urbana, despertando a consciência e a participação de usuários e instituições para o encaminhamento de uma solução a determinado problema urbano.

Em conclusão, após tecer considerações sobre técnicos, tecnocratas, estilos e expectativas de urbanismo, se realmente fôssemos levados a uma definição sintética de urbanismo, diríamos tratar-se de *uma das estratégias que objetiva induzir o desenvolvimento da vida urbana,* entendendo-se desenvolvimento como crescimento e melhora da qualidade de vida.

(6) No livro *Plano, Praça e Gaveta,* ora em preparo, ocupo-me de êxitos e frustações numa série de planos urbanísticos.

3. COMPREENSÃO DA CIDADE

"Os fatos sociais são coisas."

DURKHEIM

"O que em mim sente 'stá pensando."

F. PESSOA

Seja qual for o método urbanístico adotado e os objetivos propostos pelo urbanista, terá ele que partir de uma realidade existente: a cidade, conceituada como um organismo, dotada, portanto, de vida: uma estrutura complexa, suportando uma infinidade de atividades que a transformam constantemente. Para retratar essa realidade dinâmica, é preciso buscar sua compreensão, diagnosticando e prognosticando, estabelecendo uma simplificação suficiente de seus elementos componentes, a fim de estabelecer, tentativamente, quais elementos são predominantes, significativos, *substantivos.*

Enxergar a cidade

Para alcançar tal compreensão deve-se cumprir uma exigência prévia: enxergar a cidade. Não apenas olhá-la.

Esta "leitura" do complexo organismo em questão não é tarefa simples. Implica observar, *identificar* sinais significativos; implica libertar-se o observador de *pontos cegos*, seleção de quadros de referências, e adotar métodos de *aproximações sucessivas*. Investiguemos estas implicações.

Olhemos para determinada rua: pedestres apertam-se na calçada, anúncios piscam, vitrines ostentam produtos, os veículos passam buzinando, alguns edifícios mais altos projetam sombras, fios se entrecruzam e ao fundo percebe-se a copa de uma árvore e uma nesga de praia e mar. O que quer dizer tudo isto? Como distinguir os elementos básicos, o que há de certo ou de errado, o que propor? A perplexidade é compreensível, pois a leitura da cidade não é fácil nem estamos armados de instrumentos teóricos adequados para tal análise.

Compreende-se, por isso, que ante a realidade complexa muito urbanista prefira fechar a janela e passar a ler textos, quadros e informações indiretas a respeito dessa cidade que está lá fora. Face à ausência de um instrumental seguro, em lugar de tentar inventar, de experimentar métodos para enxergar a cidade, prefere limitar-se a um exame quantitativo, útil porém insuficiente para quem pretende planejar, isto é, *induzir transformações*.

Além da carência de instrumental metodológico, a hesitação em partir para um enfrentar da realidade, para uma leitura direta, é também aumentada pelas dificuldades inerentes ao próprio observador de enxergar uma realidade.

Saber observar

Para enxergar uma realidade urbana, iniciemos por observá-la. Costuma-se dizer que a paisagem urbana comunica informações a seu respeito, sendo, portanto, possível a sua "leitura". Esta implica percepção. Qual cientista, o urbanista deve poder *observar para perceber* o que há atrás e dentro da paisagem urbana.

Um conhecido cientista inaugurou há alguns anos, em Londres, um congresso de Cibernética, dizendo:

> Ciência é observação; nós aqui somos todos cientistas; portanto observemos.

E sentou-se deixando os presentes em absoluto silêncio e perplexidade. Após uma embaraçosa pausa, levantou-se novamente e continuou:

> Nada podemos observar se não estabelecemos previamente qual o objeto, o motivo e a expectativa primeira de nossas observações.

Neste sentido, não pode haver percepção sem prévia concepção.

O tema não é simples. O psicanalista W. Bion[1] disse, referindo-se à situação psicanalítica, que "a observação é prejudicada pela memória e pela expectativa". Se pudéssemos alcançar um estado descomprometido de "observação pura", a análise poderia fornecer-nos um retrato da situação mais real e mais objetivo. No entanto, o próprio Bion acrescenta:

> Quem formula uma pergunta conhece algo e ignora algo a respeito da questão.

Este mesmo problema é também tratado por Chomsky[2] ao comentar alguns conceitos de Bertrand Russell:

> Ou conhecemos algo independentemente da experiência ou a ciência é mero luar.

(1) Wilfred Bion, anotações de seminário realizado em São Paulo, 1974.

(2) CHOMSKY, Noam. *Problems of knowledge and Freedom*. Londres, Ed. Fontana, 1972.

Parece existir sempre no homem algum conhecimento prévio, possivelmente aqueles conceitos que ele "não mais pode esquecer", segundo a definição antropológica de cultura dada por Margareth Mead.

A própria consciência de um problema somente surge quando se percebe a existência de alternativas de mudanças passíveis de respostas à indagação.

Talvez não se possa alcançar, em urbanismo, um estado de observação pura, mas é preciso conscientizar e explicitar quais os elementos de memória que interferem na análise de determinada situação e quais as opções, os "futuros" propostos para substituir esta situação.

Apesar da importância do assunto, para conseguir "enxergar" a cidade, têm sido utilizados diversos métodos infelizmente inoperantes para a finalidade prevista – em que pese terem em seu bojo alguns aspectos válidos.

Examinemos três abordagens, bastante comuns na análise urbanística:

1. o método do desenvolvimento histórico;
2. o método do mapeamento cadastral;
3. o método da quantificação universal.

O método do *desenvolvimento histórico* representou durante muitos anos o tímido urbanismo de países subdesenvolvidos; os relatórios preocupavam-se pouco em propor transformações e perdiam-se em crônicas históricas que esmiuçavam o passado; quando a cronologia chegava ao presente o relatório terminava. Ora, a história de um organismo urbano não revela necessariamente o seu futuro; este não será, fatalmente, a continuação de uma série histórica. Poder-se-ia no entanto supor que a história "explica" uma situação presente, ajudando-nos a compreender a configuração do momento. A dedução cronológica inerente a uma narração histórica, revelaria assim a causalidade dos fenômenos de hoje e a posição relativa dos elementos que constituem, no momento presente, a estrutura urbana em análise.

Parece-nos, às vezes, de fato existir uma coincidência entre a estrutura existente e a narrativa de uma dedução histórica.

Reescrevendo a história

Mas é difícil garantir a objetividade ou neutralidade dessa cronologia e causalidade. A história é constantemente reescrita; por todos nós que constantemente remexemos em nossa memória para nela escolhermos aqueles elementos que melhor nos servem para explicar, justificar ou compreender um momento presente.

Esse "oportunismo" de nossa memória não é vergonhoso, ao contrário, denota a vitalidade e capacidade criativa do homem que sempre põe sua cultura a serviço da resolução dos problemas que o afligem no momento presente.

Do incerto para o certo

A história apresenta-se dedutiva das épocas mais remotas para a época presente; mas o ponto de partida e os fatores de ponderação de cada elemento escolhido para tal encadeamento são provavelmente contingenciados pela opinião prévia que temos do momento presente. Leontieff[3], aliás, tratando do problema das análises econômicas, argumenta a favor de inverter o vetor das investigações históricas. Diz ele termos do presente um conhecimento relativamente correto; a realidade está à nossa frente, podemos testá-la, observá-la, compreendê-la; quanto ao passado, é ele incerto, conhece-se por "ouvir falar", por resultados e fontes secundárias; não estamos lá. Por que, então, pergunta Leontieff, insistimos em elaborar análises que partem do *incerto* para chegar ao *certo*, em vez de proceder no sentido inverso?

No caso do urbanismo, este sentido inverso corresponderia em tentar explicar por etapas sucessivas, a partir da situação encontrada, quais os fatores que, possivelmente, geraram tal situação. Em alguns casos este processo pode ser importante para identificarmos mecanismos de transformação urbana. Inegavelmente, partindo da constatação de cidade loteada, podemos chegar com exatidão suficiente a precisar os geradores diretos desta situação, revelando-se assim o importante mecanismo do loteamento em nossas cidades.

(3) Wassily Leontieff, prêmio Nobel de Ciências Econômicas (1973) em *Essais d'économiques*, Paris.

No entanto, da maneira como se tem utilizado o método do desenvolvimento histórico, o resultado tem sido pobre e insuficiente para o fim de compreender uma cidade. Obtém-se, por exemplo, uma série de mapas de manchas de ocupações do solo em diversas datas, revelando vetores de crescimento. É inegavelmente um dado conveniente. Mas é insuficiente para a finalidade última do urbanismo que é induzir transformações urbanas.

Cadastros

Outro método utilizado para obter uma compreensão da cidade é o *método do mapeamento cadastral*. Segundo este, a elaboração de vasta série de mapas revelando a ecologia urbana deveria ser suficiente para retratar a situação encontrada. Mapas de uso do solo, de volumes construídos, de áreas verdes existentes, distribuição de equipamento escolar e hospitalar, traçado de linhas de transportes etc., são todos instrumentos indispensáveis para registro e úteis para a compreensão almejada. Mas, igualmente insuficientes.

A consagração gráfica de um evento reproduz sua ecologia, sua distribuição espacial. Mas não identifica, por exemplo, relacionamentos e importância relativa. O cadastramento da infra-estrutura, por exemplo, revela inclusive carências, mas não pode, isolado, revelar a diferença de expectativas da população entre carências em telefone e carências em esgoto. O cruzamento de dados poderá revelar-nos, outro exemplo, a coincidência comum entre carências de equipamentos e baixa renda de usuários, mas não nos informa sobre a dinâmica social, as pressões existentes e a conjuntura político-administrativa que permitam uma alteração dessa situação.

Por isso, não se pode pretender compreender um organismo urbano apenas a partir destes úteis mapeamentos cadastrais independentes. Cada dado é importante porém insuficiente. Somente o cruzamento de dados pode aproximar-nos de uma visão dinâmica da realidade.

Quantificar

O método da *quantificação universal* tem sido muito popular entre urbanistas. Consiste ele em medir tudo, quantificar tudo, organizar todos os números possíveis em quadros, tabelas e por vezes em curvas e diagramas. Novamente não se trata de negar a utilidade e mesmo necessidade de precisar um evento por meio de sua quantificação. No entanto, não se deve esperar que, da mera acumulação de dados e informações, surja, qual mágica revelação, o neutro e objetivo retrato da realidade.

Queremos crer que este método seja muito popular entre aqueles que preferem não pensar ou não se comprometer; os burocratas do urbanismo são capazes de juntar dados com muita proficuidade; é certamente um dos meios de adiar decisões, pois *sempre* poderá haver novos elementos a quantificar *antes* de se concluir e de se tomar uma decisão.

Em que pesem as contribuições setoriais ou parciais dos métodos acima, parece que eles frustram as necessidades de uma percepção global da realidade urbana.

Semiologia da vida urbana

Dada a insuficiência dos métodos acima, deveríamos complementarmente desenvolver métodos de *leitura direta* das estruturas urbanas. Como disse Gordon Cullen[4]: "Uma casa é uma casa; duas casas são paisagem urbana". Percorrer e observar uma rua pode constituir um método extremamente significativo: a prevalência de certos usos do solo, a incidência de luminosos de restaurantes típicos, a extrema busca de personalização de fachadas originariamente iguais em um conjunto habitacional, a vida social de calçada, as ruas desertas ou as densamente utilizadas, o uso da sombra ou do sol, a sujeira ou limpeza, o que é escrito nos *grafiti* murais, a preferência por "estilos" arquitetônicos, a concentração de farmácias ou *boutiques* ou livrarias; os sons e ruídos urbanos, com sua dominância de buzinas, ou roncos de motor, ou música gravada, ou gritos. Estes dados registrados pela sensibilidade do urbanista são significativos e podem orientar primeiras indagações e primeiras hipóteses.

Não cremos ser possível uma rígida metodização desta leitura direta.

(4) Inventor da palavra *Townscape*, paisagem urbana, e autor de livro de mesmo nome, Reinhold Publ. Corp. N. York, 1961.

Sistemas de vida

A tarefa de "enxergar" a cidade pode valer-se de métodos de natureza diversa, desde que convirjam para a identificação de sistemas de vida significativos. Assim, andar pelas ruas e anotar a predominância de anúncios de restaurantes poderá ser tão informativo quanto o estabelecimento da atual taxa de crescimento demográfico; ambos os dados podem ser essenciais para compreendermos a situação urbana e sua transformabilidade. A metodização da "leitura" da cidade dependerá inclusive das dimensões da cidade que se observa, da possibilidade de uma apreensão significativa. No entanto, é possível agrupar, para fins práticos, os sinais observados em grandes grupos significantes:

— os que denotam a apropriação do solo;
— os que revelam a relação indivíduo-sociedade;
— os que identificam etnias, grupos minoritários e sua ecologia;
— os que identificam hábitos;
— os que revelam formas e carências na acessibilidade a equipamentos;
— os que denunciam marginalidade e pobreza;
— os que dividem a acessibilidade segundo a renda;
— os que revelam a garra do imigrante urbano;
— os que evidenciam preservação cultural ou homogeneização cultural;
— os que revelam atitudes vinculadas à vida no campo;
— os que informam sobre a prevalência do jovem na cidade;
— os que denunciam consumirismo consentido e assim por diante.

Estes signos significativos constituiriam o que se poderia denominar de *semiologia da vida cotidiana.*

Dissemos que, além da observação de sinais significativos, enxergar a cidade implica adotar *quadros de referência* úteis à tarefa de planejar.

A observação e a percepção de uma situação urbanística significa anotar, associar e construir uma estrutura significativa no momento da análise. Em outros termos:

observam-se os fenômenos e realidades físicas e sociais de uma cidade a fim de perceber quais são seus elementos substantivos, como eles se relacionam e qual a dinâmica deste relacionamento. Este retrato prenhe de tensões revela, como diz Piaget[5], *forças dominantes.*

Por isso, a estrutura identificada não deixa de ter, em seu conjunto, uma "história", uma espécie de movimento de translação no tempo. Seria, destarte, incorreto afirmar que a análise estrutural de uma cidade possa dispensar completamente a dialética e sua historicidade.

Como proceder para esta identificação estrutural de uma situação urbana e como evidenciar sua historicidade, permitindo definir um quadro referencial?

Em que pesem as informações, parciais e setoriais dos métodos anteriormente analisados, deveria ser possível ir além, descobrindo quais as forças geradoras, os motivadores básicos de determinada situação urbana.

Estruturas e sistemas

E, ao mesmo tempo, identificar as estruturas básicas e significativas sobre as quais e a partir das quais agem as forças acima mencionadas. Para uma identificação estrutural não é possível pensar em cidade sem pensar em vida urbana. A cidade é um organismo vivo; possui uma *estrutura física* sobre a qual se apóiam *sistemas de vida*, isto é, atividades que se relacionam de forma sistêmica. Os sistemas de vida mais significativos de uma cidade são, na realidade, o resultado direto de subsistemas ou o resultado indireto da decantação e escolha coletiva entre subsistemas. Em outros termos: uma população é formada por indivíduos que, ao nível de suas atividades cotidianas, estabelecem e recriam subsistemas de vida (conjuntos de atividades de significância para a vida de cada um); a repetição de certos subsistemas e a superposição de subsistemas comuns a diversos indivíduos acabam criando padrões predominantes de grande significado para a maior parte dos cidadãos; esta escolha de subsistemas significativos determina não só o caráter dominante de uma cidade, como também, em última análise, a sua forma física. Assim, "a cidade, como sistema físico, é uma manifestação concreta de cultura".

(5) PIAGET, Jean. *Le Structuralisme.* Paris, Presses Universitaires, 1968.

Percebe-se, então, que a relação entre estrutura e sistemas de vida é uma relação de interação; os sistemas e subsistemas (atividades significativas) apóiam-se nas estruturas físicas disponíveis. Por outro lado, ao compor o caráter da cidade, os seus padrões característicos acabam por influir na própria forma física da cidade e, conseqüentemente, na gradual alteração de sua estrutura.

Um exemplo

Talvez estes conceitos possam ficar mais claros com um exemplo. Ao analisarmos a cidade de Natal (RN) em 1968, por ocasião da elaboração de seu Plano, identificaram-se algumas estruturas físicas determinantes: o sítio de forma peninsular, as duas vias de penetração (a nova e a antiga), criando entre si um vazio urbano. E identificamos alguns sistemas de vida que compunham o caráter básico da vida urbana: a importância do mercadejar, a mobilidade de sua população, as relações paternalistas decorrentes do subemprego e assim por diante.

A relação entre os componentes desse caráter básico e a estrutura tinham sobrecarregado um dos eixos, saturando o bairro do Alecrim e tornando insuficiente esta parte da estrutura; por outro lado, esta "assimetria" de uso tornara ocioso o outro eixo da estrutura.

Para a identificação de estruturas e de sistemas de vida deve-se, no entanto, superar a tentação do esquematismo. Especialmente porque este esquematismo soe ser do tipo hierárquico em que se supõe possível conter e explicar a vida urbana, como se esta fora uma "árvore" de ramificações rígidas. Christopher Alexander descreveu em admirável artigo[6] o fato de "a cidade não ser uma árvore".

"A cidade não é uma árvore"

Alexander propõe que o princípio ordenador da cidade natural seja representado por uma semigrelha; mas, quando se planeja uma cidade nova, acaba-se adotando, com maus resultados, o princípio de uma *árvore*. Ambos os princípios são modos de pensar e nomes dados a estru-

(6) ALEXANDER, Christopher. The city is not a tree. *Design*, Londres, 1965.

turas de conjuntos: a "árvore" não é um ser vegetal e sim uma estrutura ramificada utilizada pelo homem, com maior ou menor propriedade, toda vez *que pensa na esquematização, na abstração de uma estrutura.*

Esquina, farol, jornaleiro e bar

Antes de comparar estes dois princípios, a nível abstrato, convém relacioná-los à realidade urbana. Numa cidade hipotética, há uma esquina em que se localiza um bar com uma banca de jornais em frente. No cruzamento da esquina em questão há um semáforo; quando este abre para o tráfego, o pedestre pára na calçada e freqüentemente aproveita para ler os cabeçalhos dos jornais; além disso, algumas pessoas estão habituadas a tomar diariamente um cafezinho naquele bar. Farol, calçada, pessoas, jorna-

ESQUINA, FAROL, JORNALEIRO E BAR

leiro, banca de jornais e bar são elementos que formam um conjunto; como esses elementos interagem, o conjunto é chamado *sistema*; um sistema que é efetivamente significativo para um certo grupo de cidadãos. Dentro deste sistema interessa ao urbanista a relação entre os elementos fisicamente permanentes e que constituem uma das microunidades físicas da cidade: o farol, a banca de jornais e o bar. Sobre este conjunto, aceito como uma unidade, o urbanista pode atuar a fim de tornar o sistema mais adequado, mais agradável e rico. Numa cidade há uma infinidade desses pequenos sistemas, por isso eles são chamados de subsistemas; a vida urbana de cada cidadão utiliza apenas uma parte dos subsistemas disponíveis na cidade.

Os subsistemas significativos para cada cidadão se integram superpondo-se aos dos demais cidadãos, isto é, cada elemento de um subsistema pode pertencer a outro subsistema: é isto que confere riqueza à vida urbana. Comumente, os urbanistas, no entanto, deixam de planejar ou prever esta última superposição, pois lhes é mais fácil imaginar os elementos separados, contíguos e não superpostos. Assim, eles acabam separando os elementos de uma unidade, introduzindo – conscientemente ou não – uma aparente simplificação que é, na realidade, um empobrecimento; propondo cidades que não correspondem à sua vida urbana: zonas de funções estanques, distribuição rígida de equipamentos, isolamento da recreação etc. Em outros termos: apesar de a vida urbana corresponder a uma estrutura de "semigrelha", o urbanista, para simplificar a ação de pensar, desenha uma estrutura de "árvore".

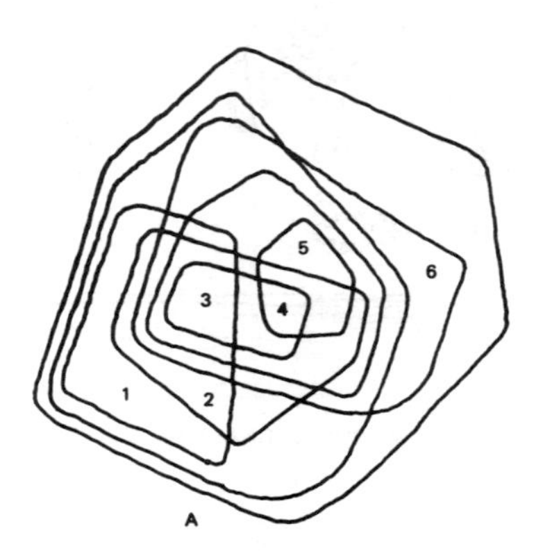

Voltando agora ao plano abstrato, uma coleção de conjuntos constitui uma "semigrelha" somente quando dois de seus conjuntos se superpõem e o conjunto dos elementos comuns a ambos também pertence à coleção. É o que ocorre

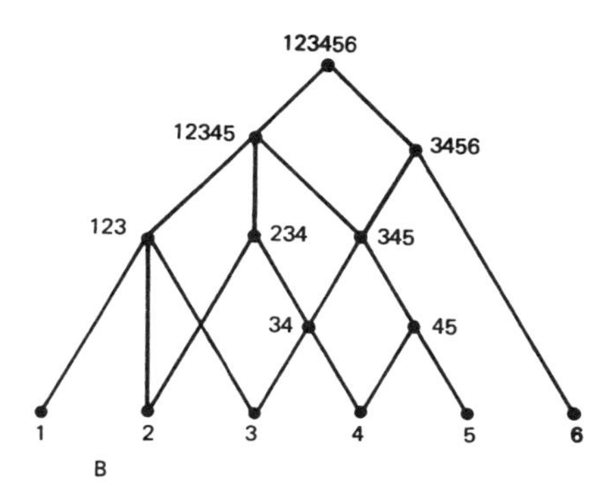

nos diagramas A e B acima: (234) e (345) pertencem à coleção e sua parte comum (34) também. No caso do exemplo urbano citado, é o mesmo que dizer: há um conjunto "semáforo-banca de jornais" e outro conjunto "banca de jornais-bar"; a banca de jornais é uma unidade que também pertence à coleção. A importância e riqueza de uma unidade é proporcional ao número de conjuntos de que participa, donde a necessidade de identificar os elementos ou áreas de superposição dos principais subsistemas urbanos.

A "árvore" define-se como a coleção em que, para cada dois conjuntos, ou um está inteiramente contido no outro ou estão totalmente separados. É o que ocorre nos diagramas C e D. Há disciplinas ou esquemas em que essa estrutura ocorre, mas não na complexidade da vida urbana, em que é difícil haver elementos significativos totalmente isolados e sem superposição.

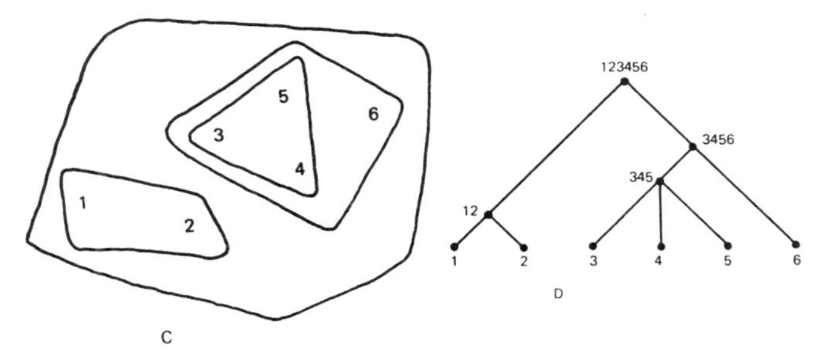

A divisão da cidade em unidades de vizinhança – cada uma com sua escola, seu centro de compras, seu cinema, concebidos de forma estanque e supondo que todos os habitantes da unidade (e apenas eles) utilizem esse equipamento – constitui uma típica proposta de estrutura em árvore. No entanto, na realidade da vida urbana, a família X é amiga da família Y e a freqüenta, pertençam ou não à mesma unidade de vizinhança; os filhos vão a uma escola de outra unidade (bairro) porque dizem lá haver professores melhores, e as compras mais importantes são feitas num supermercado mais afastado por ter melhor estacionamento ou melhores preços. Assim, em que pese a conveniência de distribuir equipamentos e serviços por todos os bairros, é uma desnecessária ilusão cogitar no uso estanque na vida urbana limitada a cada unidade de vizinhança.

C. Alexander, ao defender a tese da superposição dos subsistemas de vida urbana, considera que o constante resvalar para o desenho de estruturas em árvore decorre do fato de o homem não conseguir, num único ato mental, imaginar a complexidade (superposições) de uma estrutura de "semigrelha".

É preciso, portanto, habituar-se ao uso da matemática (teoria dos conjuntos) e da computação para obter novas visões objetivas da complexa realidade urbana: é necessário, ainda, compreender a natureza psicológica e social da vida urbana para encontrar os princípios ordenadores de uma cidade, a fim de se chegar a uma criteriosa integração dos subsistemas considerados mais significativos.

Um quadro referencial

Para compreender determinada situação urbana é, portanto, necessário apreender seu caráter básico, seus elementos dinâmicos, sua relação com as estruturas físicas disponíveis. Este caráter e as estruturas constituem o ponto de partida para o *quadro referencial* dentro do qual podemos compor nossa visão e compreensão da situação.

Este quadro básico é então inserido dentro de um contexto maior, mais genérico e de características históricas. Não interessa a história em si, entendida como mera cronologia, e sim o vetor geral da dinâmica social que contingencia ou influi na estrutura e sistemas retratados. O grau de instabilidade, a conjuntura política, a decorrência de eventos políticos, os fatores exógenos (de outras cidades ou da região) e os fatores extrógenos (mais afastados, universais) que contingenciam aquela estrutura, são os elementos que completam o quadro referencial em que se insere a configuração urbana observada em determinada situação.

Pontos cegos

Contudo, a percepção de configurações é freqüentemente distorcida por *véus que se interpõem* entre o urbanista e a realidade. Examinemos alguns destes obstáculos ou pontos cegos.

Possui o homem grande *fascínio pelo espetáculo*; a grande quantidade, o ritmo da repetição, o *frisson* circense, o feito heróico, a excepcionalidade, o fogo de artifício, atraem nossa imaginação e viciam até observações históricas. Pensa-se no Egito Antigo e o que nos ocorre? Pirâmides, majestosos túmulos. Não nos ocorre que, na mesma época, os egípcios inventavam o arado. O historiador de amanhã, ao descrever nosso século, possivelmente sentir-se-á mais atraído pelo feito da viagem à Lua, do que pela criação da exploração alimentar ou mineral dos mares. Inegavelmente, as pirâmides têm importância cultural e as viagens à Lua (quantas foram mesmo?) têm implicações tecnológicas de relevo. Mas, queremos crer que na escolha de ênfases o homem seja freqüentemente motivado apenas pelos aspectos espetaculares daqueles eventos.

Este problema está muito presente em nossas realidades atuais: para todo presidente de COHAB ou BNH[7] sempre foi mais atraente a inauguração de um conjunto bem maciço e ritmado de 1 000 casinhas, batizável com nome de algum Presidente, do que ter criado condições para a edificação de 10 000 casinhas disseminadas e "escondidas" por aí, nos interstícios da trama urbana.

Outro obstáculo à nossa percepção é constituído pelo *preconceito cientificista*; assim chamamos ao preconceito segundo o qual a racionalidade é o único motivador do homem, o racionalismo, a única forma de alcançar conhecimentos, a lógica, o único processo para chegar a conclusões. Compreende-se que o homem receie formas menos cartesianas e racionais de observação da realidade.

(7) COHAB – Companhia Municipal de Habitação; BNH – Banco Nacional de Habitação.

Afinal de contas, é a possibilidade de encadear um pensamento lógico que distingue o homem dos demais animais, e sempre fez o homem questão em manter e sublinhar esta tênue mas vital diferença.

Contudo, deve-se admitir que a história nos revela culturas em que o conhecimento era obtido de forma diversa; este conhecimento correspondia a realidades que hoje não reconheceríamos como tais, se nossa abordagem fosse diferente. Constituíam, no entanto, realidades suficientes para sobre elas se organizar sociedades, estabelecer-se normas de comportamento, criar obras filosóficas e artísticas.

O pensamento religioso pode ter nascido e se estruturado de insegurança e medos ancestrais. Mas como negar ter sido uma forma de concepção do mundo? Quanto sistema racional e lógico se construiu sobre premissas de ordem não racional? Deus pode ser, como disse Voltaire, uma hipótese. Mas a *religiosidade* é inegavelmente um fato comprovado.

As emoções

Limitar uma análise urbana a um esquema de decorrências lógicas e racionais implicaria pôr de lado, como irrelevantes, os *motivadores emocionais* que podem ser absolutamente vitais na produção de transformações da vida urbana.

No entanto, os urbanistas raramente consideram as emoções como elemento constituinte do urbanismo. Presos ao preconceito da racionalidade, consideram tais elementos como irrelevantes por não poderem ser manipulados de forma científica e exata. Tanto a Psicologia, como a Sociologia são, por isso, consideradas inexatas pelo urbanista amedrontado. (Não é este o momento para elaborar se este receio provém de uma falsa cultura ou do medo de enfrentar as próprias emoções, o receio de envolvimento em opções, o medo de expor-se etc.)

Assim, em lugar de enriquecer a observação com os instrumentos da Psicologia e da Sociologia, vicia-se a percepção por pretensa objetividade.

Além destes vícios conceituais, podem ocorrer, ao nível da pessoa do urbanista, inúmeros problemas psicológicos que resultam em *pontos cegos*, originados de condições internas do observador e não de efetivos obstáculos maliciosamente interpostos.

Não se trata de "cegueiras" propositais e conscientes como aqueles aspectos que são retirados do retrato da situação por cautela, autocensura ou conveniência (prostituição, repressão, corrupção etc.). Referimo-nos àqueles aspectos que o urbanista *não consegue* enxergar por motivos psicológicos próprios. O trabalho em equipe deveria, no entanto, poder diminuir os riscos destas cegueiras individuais.

Tampouco pode ser esquecido o fato de o profissional via de regra pertencer a um estrato social elevado. Os aspectos ideológicos, assim como os hábitos inerentes a esta sua posição, refletem-se diretamente em sua maneira de enxergar a cidade.

Este fato pode, por exemplo, ser identificado na predominância que adquirem em planos urbanos o problema do tráfego e do estacionamento de automóveis particulares, ou na ânsia de proteger a qualidade dos bairros residenciais das camadas mais ricas da sociedade urbana. Onde o técnico mora, aliás. Dois exemplos ilustram esta conhecida e contraditória situação.

O então vereador paulista Odon Pereira, num encontro oficial com urbanistas, indagou se o transporte coletivo deveria ter prioridade sobre o de automóveis; quando todos os técnicos lhe deram enfaticamente razão, perguntou:

> Neste caso por que insistem os senhores em dizer que na rua Augusta o *ônibus* circula na contramão? Não são os *automóveis* que andam na contramão?

Em outra ocasião, em Fortaleza, tentamos convencer os urbanistas (e políticos) locais da ênfase e prioridade que se deveria dar ao trânsito de pedestres, adequação de calçadas, sombreamento e ventilação de ruas, pois a grande maioria da população somente se deslocava a pé. Houve ofensas e recusas generalizadas; fomos acusados de "imperialismo paulista" por não darmos a devida atenção e prioridade aos aflitivos, porém apenas adjetivos, problemas do estacionamento.

O problema não é do profissional pretender ser um observador neutro e externo à sociedade, e sim, de ter lucidez sobre o mecanismo de seu pensamento, vigilância sobre os inevitáveis vieses e clareza sobre quem é o cliente das tarefas de planejamento.

A esse respeito, a simplificação de alguns teóricos europeus do urbanismo é tão atraente quanto inútil; defendem eles a opção ideológica prévia e a seleção de fidelidade a apenas um setor da população. Haveria, assim, um urbanismo proletário ou um urbanismo burguês e assim por diante. Esta simplificação resolve problemas de consciência, mas academicamente recusa enxergar a interação da dinâmica social e exclui o urbanismo como atividade possível e participante nas transformações urbanas. Limita-o a denúncias literárias, libelos hoje acadêmicos, em que seus autores negam-se aristocraticamente a sujar as mãos em compromissos.

A setorização

Boa parte das dificuldades que têm os profissionais em enxergar uma situação urbana decorre de sua formação em *escolas estanques*. O empobrecimento resultante, a carência de conceitos filosóficos, as dificuldades de uma linguagem comum que permita melhor entendimento entre profissionais diversos (geógrafos, arquitetos, engenheiros, sociólogos, economistas e psicólogos) arrastam as equipes para um urbanismo setorizado. Esta setorização espelha a separação entre escolas e entre profissões. Apesar do trabalho urbanístico ser realizado sempre por equipes pluridisciplinares, o resultado permanece freqüentemente desintegrado: uma somatória de relatórios isolados.

Ora, uma configuração urbana, estrutura do organismo urbano, nunca poderá ser exclusivamente física ou exclusivamente econômica ou exclusivamente social. Para que a análise possa ser significativa, ela recebe contribuições de visões profissionais diversas, mas sua integração dependerá basicamente de uma sólida posição filosófica face à vida; de uma concepção que informe, prévia e tentativamente, a percepção dessa realidade urbana que se deseja analisar para transformar.

Discorremos sobre observação, leitura da cidade, estruturas e sistemas de vida, quadros de referências e pontos cegos. Descreveremos, agora, *métodos de aproximações sucessivas* em que se possam inserir as observações anteriores. Métodos que correspondam mais à diversidade da vida urbana certamente nos ajudarão a melhor compreender uma situação urbana. Neste sentido, o filósofo francês Lefebvre[8] propõe um método de cautelosas aproximações sucessivas a que chama de *transdução*.

Transdução

"Transdução é uma operação intelectual que pode ser adotada metodicamente e que se diferencia da indução e da dedução clássicas; diferencia-se também da construção de 'modelos', da simulação e da enunciação de hipóteses. A transdução elabora e constrói um objeto técnico, um objeto *possível*, partindo de informações baseadas na realidade, assim como numa problemática proposta por esta realidade. A transdução supõe um *feedback* contínuo entre o quadro conceptual e as observações empíricas. Sua teoria (metodologia) põe em ação operações mentais espontâneas no urbanista, no arquiteto, no sociólogo, no político e no filósofo. Ela introduz o rigor na invenção e o conhecimento na utopia."

Trata-se, portanto, de imaginar e propor um objeto virtual, um modelo desejável de situação futura. Em qualquer momento, qualquer seja o grau de conhecimentos sobre a situação presente, é possível a um urbanista imaginar uma situação futura configurada em modelo completo. Este modelo serve como ponto de partida para investigar os passos a tomar, as possibilidades e dificuldades, a pesquisa de sua oportunidade e mesmo de sua objetividade. Como resultado destas investigações, procede-se a uma realimentação da qual decorre uma correção e o lançamento de novo objeto virtual a conduzir a etapa subseqüente dos trabalhos.

Para que serve efetivamente a criação de um modelo ideal possível? Qual seu escopo, limitações e função em urbanismo? O modelo ideal tem o escopo de estabelecer uma *meta possível* e, destarte, *fixar um vetor* geral para o processo de planejamento. Como dizem os chineses, "para uma caminhada de cem milhas é necessário começar pelo primeiro passo".

Após estabelecer o vetor, limita-se o campo em que se localizam as decisões do momento presente; esta limi-

(8) LEFEBVRE, Henri. *Le droit à la ville.* Paris, Ed. Anthropos, 1968.

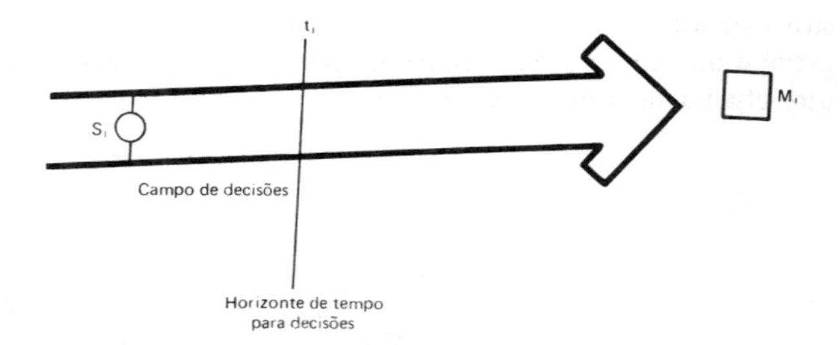

tação temporal decorrerá provavelmente da mão que utilizará o instrumento do planejamento: os anos de gestão de determinada administração.

Ao se elaborar e estruturar uma situação M_1 que objetiva substituir a atual situação S_1, terá assim o urbanista explicitado uma série consistente de argumentos a favor dessa orientação e modelo, debatendo alternativas e fazendo suas opções. Fornecerá, destarte, os elementos para uma futura análise e reavaliação.

Estas futuras análises são certamente mais prováveis do que a concretização efetiva do modelo proposto. As reavaliações tem mais importância do que o próprio modelo. Creio, mesmo, que o "modelo possível" nunca se concretize inteiramente, mas isto não diminui sua importância, desde que se reconheça sua limitação e sua verdadeira função: *estabelecer um vetor* e, dentro dele, *um campo para as decisões presentes* e, no processo, explicitar as premissas e argumentações do urbanista.

Num segundo momento, uns anos depois, digamos, pode-se repetir a operação da transdução e teremos algo semelhante à figura abaixo:

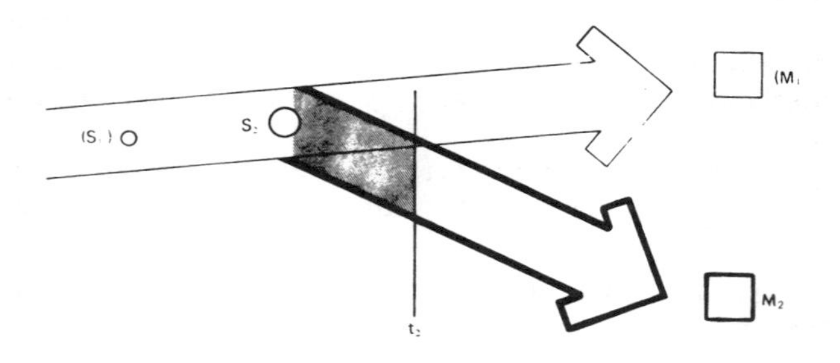

O modelo ideal poderá ter-se deslocado em função de novas condições ou de novas posições; haverá uma ligeira correção de rumo cuja única função é motivar e permitir decisões consistentes e não, fatalmente, alcançar de fato a situação do novo modelo adotado. Pode-se mesmo aceitar uma hipótese de nova reavaliação em que, tempos depois, por coincidência ou não, se propõe "voltar" a um modelo ideal bastante semelhante ao primeiro apontado nesta série:

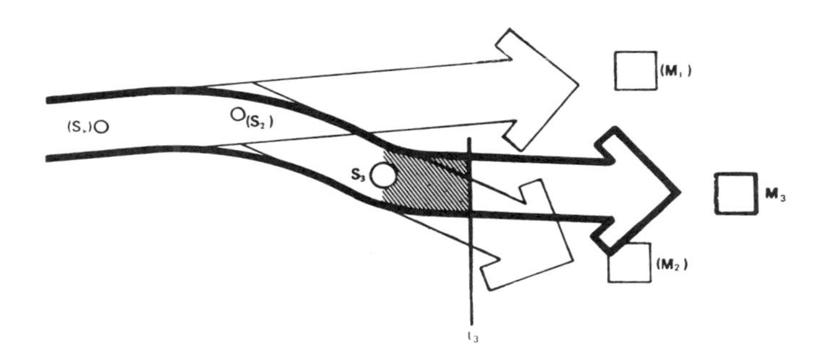

Estes esquemas fazem pensar em duas ordens de idéias: os métodos empíricos de experimentação e correção, próprios das ciências físicas e o estabelecimento do pensamento utópico descrito por Mannheim, anteriormente citado. Sem substituir a realidade por um modelo ideal e utópico, usa-se este para criar um *vetor* e um *campo de ação* participantes de um processo de aproximações sucessivas.

Resumo

Em resumo, para a adequada e necessária compreensão de determinada realidade urbana e a proposição de sua transformação, propõe-se seguir os seguintes passos:

1. identificar as principais estruturas físicas, por interpretação da semiologia da vida cotidiana;
2. lançar primeiras hipóteses sobre os sistemas de vida mais significativos, apoiando-se na leitura da cidade e no conhecimento de dados quantitativos;
3. verificar, pela identificação de múltiplos subsistemas, se

as primeiras hipóteses estão corretas; criar eventuais sistemas de verificação e correção;

4. propor ("transduzir") um objeto possível e desejável, criando, em conseqüência, um primeiro vetor para o processo de planejamento;
5. verificar estruturas ociosas e carências estruturais;
6. apoiar e enriquecer opções de subsistemas;
7. determinar mediante horizonte de tempo o campo de decisões pertinentes a cada caso;
8. propor ações presentes que induzam a transformação da situação ao longo do vetor escolhido.

4. HABITANTES E CIDADÃOS

> *"A cultura não salva nada nem ninguém; ela não justifica. Mas é um produto do homem que nela se projeta, se reconhece. Este espelho crítico é o único a lhe oferecer sua real imagem."*
>
> J.-P. SARTRE

No capítulo anterior, referimo-nos à importância dos subsistemas de vida, isto é, à importância de se identificar as múltiplas atividades que, em virtude de sua repetição, adquirem significado substantivo e força motriz.

Se esta identificação é primordial para qualquer diagnóstico urbano, necessita-se, evidentemente, conhecer e compreender a sociedade que habita determinada cidade. Esta compreensão tem sido tentada a partir da análise de dados estatísticos em um esforço necessário, porém insuficiente, de encaixar a população em categorias, classes de renda, faixas etárias, estamentos sociais etc.

Inegavelmente, esta categorização, como método de conhecimento da população, é necessária e útil. Mas tem-se observado, em planejamento, grave carência de conhecimentos antropológicos e psicológicos que permitissem uma compreensão da cultura urbana, de sua dinâmica social, das influências exógenas, criando hábitos homogêneos, dos atributos de psicologia social e assim por diante. A redução da análise sociológica a parâmetros sociométricos dificulta a compreensão dos fenômenos. O temor da "inexatidão" da Psicologia elimina por completo dados importantes da realidade urbana.

Com efeito, nenhuma categorização meramente sociométrica poderia, isoladamente, retratar, por exemplo, a ânsia e a experiência de especulação imobiliária que move toda a população de Goiânia, nem identificar a homogeneidade de gostos musicais da juventude ou a labilidade e modismo na escolha de pontos de encontro em Brasília.

Apontamos, por isso, nas linhas abaixo, observações sobre alguns tópicos de importância substantiva na vida urbana e que, nos parece não comparecem suficientemente nas tarefas de planejamento.

Homogeneização cultural

A vida societária está mergulhada em um caldo de *comunicações* constantemente renovadas; deste excesso de informações resulta uma diminuição da percepção e o resultado tende a ser uma crescente homogeneização de hábitos, formas de vida, exteriorizações e universo informativo.

A homogeneização decorrente da fluidez e simultaneidade da comunicação vai além das fronteiras da cidade. Até o folclore parece destinado a estiolar como resíduo de grupos rurais em países subdesenvolvidos; as festas e hábitos antigos já são redefinidos como "espetáculos" e "curiosidades", fazendo parte de um vasto, organizado e devorador sistema denominado "turismo". Esta atividade com suas organizações vai descobrindo as mais recônditas raridades antropológicas para servi-las no prato do turista. O exótico transformou-se pelo caminho da comunicação de massas em um ingrediente peculiar do cotidiano.

Destarte, o turismo ameaça acabar com a espontaneidade e significado social original do folclore. O índio americano posando para fotógrafos, com braço nos ombros da senhora turista, pouco difere do urso pedalando num circo.

O significado já se transformou: não é o urso que importa e sim a relação público-ator, relação típica no espetáculo circense. Uma situação digna de estudo, se o quiserem; situação, porém, nova e diversa daquela que chamávamos folclore.

O cinema e a televisão, com a eficiência da comunicação via imagens, tampouco podem ser apenas reduzidos à sua função recreativa. Para o usuário, a televisão é um instrumento de virtual apropriação do mundo. Através dele conhece-se um pouco de tudo. Somos um pouco de todos. A homogeneização vai, contudo, além da criação de universos semelhantes. Segundo Drucker, a televisão não transmite idéias e sim *coisas,* criando um verdadeiro *shopping center* global: coca-cola de norte ao sul! Segundo este autor, a simultaneidade da imagem e a natureza de consumo por ela veiculada faz com que os usuários de países e regimes diversos cotejem constantemente quanto daquelas "coisas" oferecidas pela imagem podem eles possuir ou já possuem. Força-se, por assim dizer, a homogeneização do padrão de modernidade pelo caminho da posse de objetos.

A questão, parece-nos, vai além dos óbvios aspectos comerciais associados ao consumirismo. Caberia, cremos, uma investigação mais profunda sobre o significado psicológico e social da "posse de objetos".

Poder-se-ia dizer que a homogeneidade seja uma forma de consenso, de opinião da maioria. "A televisão ainda não nos diz o que devemos pensar, mas já nos diz *sobre o quê* devemos pensar." Este fato poderia ser assustador se refletirmos na facilidade com que se controla este meio de comunicação. Mas, de qualquer modo, somos forçados a admitir que geralmente a "opinião pública" é uma atitude reativa que apenas responde às perguntas formuladas por quem tem o poder de formulá-las; se expressa dentro dos limitados termos que lhe são oferecidos. Nem é ela espontânea, nem livre.

"Hippies"

No entanto, a cultura urbana desta segunda metade do século tem elaborado curiosas e importantes formas de *contra-informação.* No país que melhor estruturou uma sociedade de consumo, os Estados Unidos, surgiu original movimento contestatório: o movimento *hippy;* em que pese ter sido um luxo de sociedade rica, não deixou de constituir importante sintoma de contestação e de investigação a respeito dos objetivos da vida e do pretenso consenso do universo informativo. Inegavelmente o movimento foi originalmente uma contestação espontânea e sintomática, tendo escapado ao controle do *establishment.* Por outro lado, não deixa de impressionar a rapidez com que o "sistema" absorveu, digeriu e se apropriou do movimento, enquandrando-o como elemento próprio e já não mais contestatório. Neste sentido, nada mais simbólico do que um *stand* de venda ocupado por artesões *hippies* no centro da Feira do Couro, evento destinado ao encontro entre oferta e procura. O sistema defende sua estrutura e poder com extraordinária vitalidade e competência.

Contudo, ao digerir o movimento *hippy,* algum aspecto crítico certamente vingou, e o movimento, que pretendia, sem objetivá-lo, uma contestação radical e maciça, acabou influindo, de dentro para fora, como diminuto mas fértil fator de contradição interna. Como escreveu Paul Valéry, já antes citado:

> "O homem vale por seus extremos; mas a humanidade avança pelo meio".

É possível que lá para o fim do século a homogeneização dos hábitos urbanos levem as próprias análises marxistas a rever o alcance da divisão de classes na constituição das superestruturas. Entre um jovem operário e um jovem de classe média há muito a separá-los: ganho, perspectivas, lealdade filial; mas há muito a uni-los ou pelo menos a homogeneizá-los: apreciam a mesma música, vestem-se em estilos iguais e têm ambições semelhantes. Em cidades de grande mobilidade social, como são as cidades brasileiras, as próprias perspectivas não chegam a criar barreiras intransponíveis. Afastados os penosos casos extremos, não podemos deixar de citar, a título de exemplo, que na Universidade de São Paulo em 1974, mais de 41% dos estudantes eram filhos de um progenitor analfabeto ou com curso primário incompleto. É possível que as contradições sociais entre classes e entre grupos sejam crescentemente contingenciadas pela eficiência do sistema de comunicações de massa.

A liberdade

Além da homogeneização e do papel da comunicação de massa na cultura urbana, outro fator comparece com vigor. Trata-se no entanto de uma característica secular: *o amor à liberdade.* Repetimos a citação medieval de um provérbio alemão que dizia *Stadt macht frei* (a cidade liberta). Este provérbio era, então, a constatação de um fato objetivo: o servo que conseguisse viver com independência um ano e um dia em uma cidade feudal ganhava sua liberdade. Tal fato associava-se ao surgimento e fortalecimento do comerciante, estranho figurante novo, vindo "de fora" e que não devia servidão a senhor algum. Esta ausência de vínculo, de contas a prestar, acarretou, entre outras coisas, a necessidade de um código civil novo, pois era intolerável à sociedade a existência de um grupo social totalmente desvinculado e livre, sem regras e obrigações codificadas.

A liberdade oferecida pela cidade era e ainda é proporcionada pela multiplicidade de opções e pelo anonimato. O anonimato traduz a inexistência sobre o citadino, membro de uma vida societária, da coação social que o enquadra e limita na vida comunitária de pequenos aglomerados. Em aldeias e vilarejos a região de liberdade do indivíduo permanece limitada; a expectativa da comunidade da aldeia é que o filho do padeiro se torne padeiro; a rigidez dessas expectativas é solidamente codificada pela tradição; a quem não se enquadra resta a alternativa de abandonar a comunidade e tentar vida nova.

No outro extremo, examine-se o que é o centro de uma cidade grande. O *downtown* da balada de Peter Seger é "o lugar onde você esquece todos os seus problemas, onde encontras os amigos e és livre". É, caracteristicamente, entre outras coisas, o reduto das atividades mais proibidas, mais coagidas pela sociedade: inferninhos, filmes eróticos, venda de entorpecentes etc.

A "libertação" proporcionada pela urbanização é, sem dúvida, um dos fatores de atração para a população que emigra para cidades. Por que seria tão importante, para o homem, a liberdade?

Possivelmente pela necessidade de reassegurar sua identidade através de uma realização pessoal, imprimindo sobre o meio ambiente e a sociedade a marca de sua individualidade e de sua existência. A liberdade seria o contexto em que a expressão individual se otimiza. E qualquer restrição a ela é imediatamente sentida como grave coação existencial.

Privilegiamos este enfoque na definição da vida urbana; poderíamos assim definir vida urbana como aquela em que se pode otimizar uma necessidade vital do homem: sua realização individual no contexto de liberdade.

A insegurança

Cabe, porém, neste particular, mencionar sua inevitável contrapartida. A liberdade oferecida pela cidade apresenta um reverso de medalha: a *insegurança*. A contradição é inevitável: a vida comunitária, fechada, limitada e redundante, maximiza a segurança do indivíduo; seu futuro é predeterminado, são limitados ou impossíveis os desvios de comportamento. O indivíduo tem certeza do que é certo e do que é errado. E o grupo solidamente estruturado protege seus membros integrados. No limite, pode-se dizer que ao máximo de segurança corresponde o mínimo de liberdade e opções.

O próprio anonimato, já indicado como um fator positivo, pode constituir, por outro lado, um fator social negativo, pois a ausência de cobrança de lealdade à ética familiar ou comunitária é um dos fatores desestruturantes da personalidade que compõem um quadro criminal.

Em metrópoles, a insegurança tem chegado a níveis graves a ponto de existir tendências migratórias de abandono da cidade grande devido ao medo de agressão física e roubo. Num seminário sobre urbanização, organizado pelas Nações Unidas (Kyoto, 1970), foram identificados os seguintes fatores criminogenos:

- urbanização
- industrialização
- crescimento demográfico
- migrações internas
- mobilidade social
- poluição.

Estes fatos têm todos o seu *habitat* na cidade. Nos Estados Unidos mais da metade dos crimes ocorreram apenas nas suas 26 cidades maiores e em Washington verificava-se em 1970 um aumento de 21,7% de ocorrências.

O ambiente urbano oferece, mas também frustra. Mergulhados numa atmosfera de comunicação de massa, os habitantes são submetidos à tirania da coisa oferecida. Conforme já citamos, a publicidade transforma um objeto supérfluo em uma necessidade psicológica. Mas a região de oportunidades do indivíduo comumente não permite a aquisição de todas as coisas oferecidas. A constante oferta não gera apenas a frustração, ela também alimenta a *voracidade.*

Ora, tanto frustração como voracidade caracterizam a vida urbana e representam uma contrapartida à multiplicidade de opções e ofertas; são fatores de tensão e pressão constantes.

Estas tensões são agravadas pela elevada competição decorrente do crescimento demográfico, elevação de densidade e crescimento menos acentuado das ofertas de emprego. Estamos longe, em tempo e em espaço, das cidades inglesas do começo do século passado. Então, a Revolução Industrial concentrando tecelagens, atraía populações que inflavam cidades criando, por sua vez, um sólido mercado para o setor terciário; a urbanização poderia então ser creditada basicamente ao crescimento da oferta do emprego industrial. Tal não ocorreu no Brasil, onde o índice de urbanização sempre foi superior ao da oferta de emprego industrial. Em que pese o considerável aumento de empregos no pouco conhecido e diversificado setor terciário (serviços), a luta por empregos urbanos é sensível. Na realidade, o imigrante é atraído para a cidade pela existência virtual do emprego industrial, mas, despreparado, acaba obtendo um inseguro e mal remunerado emprego no setor de serviços.

Empregos urbanos

Contudo, o desemprego nas maiores cidades brasileiras se tem mantido dentro de índices considerados razoáveis. O desgaste e a tensão do habitante urbano tem sido mais considerável em virtude da necessidade do segundo emprego e da jornada de 12 horas.

Ambos os fatos são decorrência da perda de valor aquisitivo do salário mínimo e poderiam, por isso, ser considerados argumentos que apenas correspondem a uma conjuntura de política salarial. Parece-nos, no entanto, importante citá-lo no momento de se tentar compreender o que é o habitante urbano e onde se situa a erosão da liberdade que ele tanto identifica, idealmente, com a vida urbana.

Este aspecto da vida urbana é geralmente difícil de ser medido, pois segundos e terceiros empregos são escamoteados. Assim sendo, deixam de comparecer entre os dados que informam um plano. E todo o problema central de uma enorme população trabalhadora e pobre deixa de comparecer corretamente.

A tabela abaixo evidencia a perda de valor do salário mínimo entre 1958 e 1973:

Ano*	Rio de Janeiro		São Paulo	
	Nominal Cr$	Real**	Nominal Cr$	Real***
58	6,00	6,00	5,90	5,90
59	6,00	3,95	5,90	3,73
60	9,60	5,11	9,44	4,52
61	13,44	5,00	13,21	4,43
62	13,44	3,21	13,21	2,73
63	21,00	2,79	21,00	2,32
64	42,00	2,98	42,00	2,69
65	66,00	3,22	66,00	2,74
66	84,00	2,90	84,00	2,29
67	105,00	2,92	105,00	2,28
68	129,60	2,90	129,60	2,23
69	156,00	2,81	156,00	2,19
70	187,20	2,79	187,20	2,26
71	225,60	2,84	225,60	2,14
72	268,80	2,97	268,80	2,08
73	312,00	3,03	312,00	1,91

* No mês de dezembro.

** Valores expressos em Cr$ de 1958 deflacionados pelo índice de custo de vida da Guanabara, calculado pela Fundação Getúlio Vargas.

*** Valores expressos em Cr$ de 1958 deflacionados pelo índice de custo de vida de São Paulo, calculado pelo Departamento Intersindical de Estatística e Estudos Sócio-Econômicos.

A tabela mostra a evolução do salário mínimo em termos reais na Guanabara, segundo cálculos feitos pela Fundação Getúlio Vargas com base no seu índice do custo de vida para a Guanabara e em São Paulo de acordo com o índice do custo de vida de São Paulo calculado pelo DIEESE.

Em ambos os casos o salário mínimo caiu. Na Guanabara reduziu-se em valores de 1958 de Cr$ 6,00 para Cr$ 3,03 no período 1958/73 (uma queda de quase 50%) e em São Paulo, segundo outros índices, baixou de Cr$ 5,90 para apenas Cr$ 1,9 (uma redução de cerca de 70%).

Ora, o salário mínimo é um índice bastante razoável para medir a situação do habitante urbano. O Censo Demográfico de 1970 (IBGE) aponta que 50% das pessoas ativas no país (29,5 milhões) ganhavam menos do salário mínimo da região. A Pesquisa Nacional de Amostras de Domicílios (PNAD) do IBGE, realizada em 1972, cobrindo 16 Estados e o Distrito Federal, indica que dos 15,5 milhões de empregados 6,9 milhões (43,2%) percebiam um salário mínimo ou menos.

Finalmente, o cadastro do Programa de Integração Social (PIS) apontava no mesmo ano que dos 7 milhões de empregados registrados 5,5 milhões (80%) ganhavam até 2 salários mínimos e 1,2 milhões entre 2 e 5 salários mínimos.

Ao trazer estes dados para o enfoque em pauta, citemos trecho de estudo elaborado em 1974 pelo DIEESE[1]:

> Para adquirir os produtos que compõem a ração considerada legal para efeito de estudos comparativos, o trabalhador precisava em dezembro de 1965, 87 horas e 20 minutos de trabalho; em dezembro de 1973, 158 horas e 42 minutos e em março de 1974, 176 horas e 54 minutos. Em outros termos, para manter em março de 1974 o mesmo padrão alimentar, o trabalhador tinha que trabalhar 89 horas e 34 minutos mais do que em dezembro de 1976.

(1) A política salarial adotada em 1975, aumentando o valor do salário mínimo e proibindo seu uso como índice de correção de contratos e preços – resultou em diminuição das horas necessárias para a obtenção da "ração essencial": Carne (6,00 kg), Leite (7,5 l), Feijão (4,50 kg), Arroz (3,00 kg), Farinha de trigo (1,50 kg), Batata (6,00 kg), Tomate (9,00 kg), Pão (6,00 kg), Café (6,00 kg), Banana (7,5 dz), Açúcar (3,00 kg), Manteiga (750 g) e Banha (750 g).

O gráfico abaixo ilustra estes dados.

Total de horas de trabalho para adquirir a ração mínima[2]
Base: Salário mínimo de São Paulo

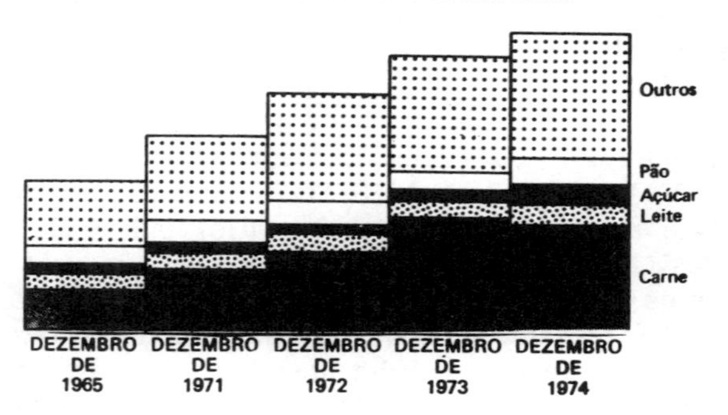

Fonte: Produto e quantidade. Decreto-Lei nº 389, de 30/4/38.

Retenhamos pelo menos duas conclusões: *a*) a maior parte da população urbana percebendo o salário baixo necessita trabalhar de 10 a 14 horas diárias; *b*) em sua família é preciso que mulher e talvez filhos participem do mercado de trabalho a fim de possibilitar a sobrevivência da família.

Estes dados não comparecem com muita freqüência nos planos em que é certamente mais reconfortante falar em lazer, tempo livre e qualidade de vida. . .[3] Ora, esta situação agrava sobremaneira o estado de frustração e tensão, além do desgaste físico. A pobreza, o desespero e a árdua luta pela sobrevivencia não constituem o melhor contexto para a formação de cidadãos participantes, honestos e integrados na sociedade. Não é de espantar que em Brasília haja cerca de 16 000 menores abandonados (e 130 000 favelados) e que em sua cidade-satélite de Ceilândia (120 000 habitantes) tenha havido 1 homicídio cada 10 dias e mais de 40 lesões corporais[4].

(2) A "ração mínima" foi estabelecida oficialmente.

(3) Para um conhecimento mais rico da realidade e da eficácia da ação governamental na qualidade de vida, iniciou a Secretaria de Economia e Planejamento de São Paulo, em 1975, o registro de um *indicador vivencial básico.*

(4) Dados da Secretaria de Segurança Pública do D.F., citadas em agosto de 1974 pela revista *VEJA*.

E, contudo, apesar desta situação penosa, a urbanização ainda representa, no Brasil, uma solução individual como fuga de uma situação pior, seja no campo, seja em cidades muito pequenas. Por isso, conseguir habitar numa metrópole é apesar de tudo considerado sinônimo de sucesso e conquista para o migrante nacional. Sua ânsia em ter casa própria deve ser entendida como o justificado anseio de lançar firme âncora na grande cidade; símbolo e realidade de sua fixação urbana, de sua conquista.

As muitas cidades

Estas considerações nos parecem importantes para sublinhar a complexidade da vida urbana, em que pese a homogeneização cultural à qual não estão isentos os próprios planejadores.

Há muitas "cidades" compondo a cidade. Simplificando, a dos ricos e a dos pobres. Para quem devemos planejar? Para a cidade como um todo. Para quem temos planejado?

Contudo, as limitações normais da prática profissional não facilitam um desempenho ideologicamente "perfeito" e "justo". Nem nesta, nem em outras profissões. Enquanto for possível manter-se em elevado nível de abstração, discorrendo sobre generalidades, pode-se alcançar resultados brilhantes. Mas, como disse o ator Henry Fonda, "é mais fácil *salvar* a humanidade do que salvar o próximo". Quando a tarefa é *instrumentar transformações* urbanas, deveríamos ser obrigados a cotejar realidades, impedindo-nos abstrações e generalidades excessivas.

Apropriação da cidade

Para se tornar um verdadeiro usuário da cidade, para usufruir da liberdade que lhe é inerente, é necessária uma certa dose de apropriação da mesma. Esta se dá pela acessibilidade e pela informação. A *acessibilidade* é função de possibilidades econômicas, assim como da variedade de opções do sistema viário, de transporte e de comunicações. A *informação* depende tanto da riqueza e diversidade de fontes e canais informativos, como da possibilidade e diversidade de se proceder a uma contra-informação.

A contra-informação é a verificação da notícia; o teste da realidade. Ela pode ser obtida mediante a confrontação de notícias de fontes diversas, pela discussão das mesmas, levando sempre o receptor da notícia a refletir e a formar *sua* opinião. O direito e expressão da opinião individual é fator importante na vida urbana, pois orienta o habitante na escolha e realização de seus projetos de vida.

A compreensão deste mecanismo é importante para o urbanista, pois na realização de seus projetos de vida, o habitante estabelece atividades, rotinas e subsistemas. Por outro lado, dentro de um enfoque de planejamento demogrático e inovador, utilizando táticas de indução, a veiculação da informação é necessária para a obtenção de participação e de resultados.

O benefício urbano da informação rápida, eficiente e rica, tem sido freqüentemente coatado pela deformação causada por repressão informativa; esta pode tomar a forma de manipulação e controle da informação ou de censura imposta aos meios de comunicação. Em ambos os casos configura métodos de defesa da estrutura de poder num enfoque de curto prazo. Há países e momentos em que inclusive a contra-informação é fortemente reprimida, ensejando então o desgastante império do boato.

Quem escreveu isto?

Examine-se o seguinte texto:

> A obra em questão importa idéias alienígenas e subverte nossas mais caras tradições consagradas por nosso povo; fere os valores eternos da família e da pátria e propõe inovações inaceitáveis pelos costumes estabelecidos pelas instituições de nosso país. Ela deve ser proibida.

Quem é o autor das linhas acima? O grande Inquisidor na Espanha católica do século XVI, ou a Comissão Senatorial liderada por Mc Carthy durante a Guerra Fria na década de 1950? Um preposto da Corte Portuguesa no Brasil ao tempo da Inconfidência, ou Goebbels, ministro da propaganda da Alemanha nazista; talvez Zhdanov, teórico soviético para questões culturais ao tempo de Stálin;

ou um membro do Departamento de Censura de qualquer país latino-americano? Resposta correta: *todos.*

O controle da informação, a censura a notícias ou à produção intelectual e artística, sempre constituiu uma manipulação típica de poderes fortes mas inseguros sobre a sua legitimidade social. E toda vez que tal processo foi adotado, foi fácil a qualquer governante, em qualquer regime, encontrar pessoas ansiosas por assumir as funções de *censor.* O perfil psicológico de qualquer censor típico, atuando sua inveja pela criatividade alheia, investido do poder, da justificativa oficial ou mesmo da sanção social para bloquear essa criatividade, tristemente acompanha a história da humanidade.

No entanto, não é este bloqueio que representa o ônus mais grave da censura.

Usualmente, as críticas sendo feitas por intelectuais, sublinha-se o aspecto negativo da repressão sobre a criatividade artística e intelectual. É um aspecto inegavelmente negativo, mas a história nos mostra que a instituição da censura nunca conseguiu realmente calar talentos, impossibilitar a expressão artística de uma época ou anular por completo a manifestação de intelectuais. Afinal de contas, como escreveu B. Brecht em sua peça *Galileu Galilei:* "A verdade é filha do tempo e não da autoridade". Por mais que tenham os criadores sofrido, ainda existiram os Abelardo da Idade Média, os Arthur Miller do mccarthismo e os *samisdzate* do stalinismo. É claro que quando a produção intelectual e artística implica, no entanto, montagens coletivas e investimentos (como em teatro, cinema e televisão) o prejuízo da censura pode ser muito grave.

No entanto, o aspecto mais nocivo e deletério corresponde a outro enfoque: a tentativa de eliminar ou reduzir a fonte de energia do pensamento. Isto é: na diminuição, vício ou eliminação da *informação, matéria-prima do conhecimento.* Esta privação atinge a totalidade dos cidadãos, diminuindo-lhes as oportunidades de formar uma opinião sobre a realidade. Este é, inclusive, o aspecto da questão mais pertinente às tarefas de planejamento.

Discorremos até agora, neste capítulo, em habitantes. Mas, é o momento de falarmos em cidadãos. Definimos assim, os habitantes dotados da consciência de serem atores responsáveis de vida urbana. Consciência cívica e política.

Grau de consciência

A compreensão do grau de consciência de uma população urbana é essencial para o urbanista que deseje propor transformações, mas não se simplifique estes conceitos de forma maniqueísta. O urbanismo não é uma forma de luta política, nem um partido ou sequer uma ideologia.

Nas tarefas urbanísticas a compreensão do grau de consciência é importante porque revela a capacidade de uma população ou grupo empreender transformações, responder a operações de indução, participar do planejamento de sua cidade, contribuir à formação de consensos que contribuam à tomada de decisões.

A burocracia

Dentre os aspectos da vida urbana, cuja conceituação às vezes é omissa, deve-se salientar a *burocracia.* Cada vez mais vivem os homens em um mundo de grandes organizações. Dentre estas, a administração governamental é das que mais nos dizem respeito. Sua burocracia é bem típica: governos sempre acumulam leis, nunca as revogam. Porque isto significaria retirar de algum de seus membros alguma dose de poder; nem que este poder significasse, de fato, o poder de apor um carimbo que permita o prosseguimento de um processo. Deve existir, certamente, um entendimento tácito entre membros de qualquer organização, de nunca diminuir pequenas atribuições de poder e controle.

A raridade de se revogarem decisões e poderes inchou a legislação e a administração, diminuindo consideravelmente sua eficiência. O cidadão se vê perdido e roubado em sua liberdade de usufruir a cidade; fica impotente face à burocracia, como o personagem de Kafka que inutilmente tentou entrar no Castelo, ou aquele outro que queria compreender qual a acusação que lhe era feita no processo que terminou por condená-lo.

Participar ou não participar, sentir que atua sobre a realidade urbana, faz parte do desejo do cidadão de transformar a realidade adequando-a à realização de seus projetos individuais de vida. Seja para facilitar seu trabalho, seja para ganhar mais, seja para melhorar a qualidade de sua vida.

A participação se conceitua e se efetiva geralmente ao nível de soluções localizadas e limitadas: o asfaltamento desta rua, o semáforo naquela esquina, a exploração nos preços desta feira, a falta de professores daquela escola, os acidentes de tráfego nesta avenida e o mau tratamento médico naquele pronto-socorro.

A barreira na participação não decorre apenas da burocracia gerada pela organização chamada Governo. Advém, também, de certa ineficácia inerente à atual prática da *democracia representativa.*

Como disse Churchill, trata-se do "pior dos regimes, com exceção dos demais. . ." Inegavelmente, e especialmente no Brasil, a democracia tem enfrentado muitas dificuldades para gerir e governar o país e as grandes cidades. A prevalência de problemas de ordem técnica fez com que os órgãos de representação (Câmaras, Assembléias) cada vez mais decidissem sobre temas que desconheciam ou que compreendiam pouco. Para fazer face a este problema, alguns órgãos como, por exemplo, o Senado dos EUA montaram desproporcionais assessorias técnicas em que se analisa os projetos substantivos do governo. De forma análoga existe no Brasil o Instituto de Pesquisa e Assessoria do Congresso Nacional.

Os parlamentos

Ninguém pode ser contra o desejo de parlamentares adquirirem maior grau de conhecimentos sobre determinada matéria. Mas este enfoque escamoteia o verdadeiro problema: qual a razão de ser e função desta forma de representatividade? Qual o papel social e a função governamental das câmaras e assembléias? Em outros termos, o problema não é capacitar tais órgãos a responder de forma tecnicamente adequada a questões que informam decisões governamentais, e sim conceituar antes qual a *natureza das perguntas* que lhe devem ser formuladas. Dificilmente poderá uma câmara dizer se a energia a ser utilizada num incinerador deveria ser gás ou eletricidade, mas certamente poderá decidir sobre uma diretriz que maximize recursos hidroelétricos naturais, em lugar da dependência da importação de petróleo. No primeiro caso a pergunta é de natureza técnica, no segundo de natureza política.

Um órgão de governo não deve envergonhar-se por não ser um órgão técnico; deve orgulhar-se de ser um órgão político. E sê-lo com eficiência. Para tal, torna-se importante a busca de novas formas de representatividade e de participação.

Recentes debates sobre o papel dos legislativos no desenvolvimento[5] situavam duas alternativas:

a) maior participação governamental, fazendo projetos e leis, isto é tomando decisões;
b) transformação em órgão técnico de estudo e debate.

Duvidamos da eficiência de ambas as alternativas; somente o Executivo terá a eficiência e rapidez para efetivamente *governar;* por outro lado, não é viável a montagem de um superinstituto de pesquisas políticas, dada a diversidade de matérias e a necessidade de resposta rápida.

Propomos uma terceira alternativa: o reforço e a transformação por modernização do caráter de *órgão de representatividade.* Trazer a público e à consciência do Executivo a queixa e o problema do citricultor de Bebedouro ou do seringueiro de Marabá, somente pode ser feito de forma imediata e eficiente pelo "deputado da região". Esta informação de uma situação problemática emergente poderia ser conhecida mas jamais "representada" com igual eficiência através de canais institucionais do governo.

Esta busca de formas de participação democrática, mais adequadas a uma sociedade que se urbaniza e convive às vezes em aglomerados metropolitanos, não interessa apenas ao governo. E sim ao urbanista também. Pois a participação democrática pode acelerar a realização de transformações urbanas. E as diversas formas de participação ilustram sistemas de vida muito significativos em uma cidade.

Para um urbanismo não tecnocrático, a compreensão da vida urbana, a identificação de sistemas de vida e das expectativas dos diversos grupos sociais, permite a adoção de posições e a orientação de políticas urbanas.

(5) Seminário realizado na Guanabara (1974), e reproduzido em *O Legislativo e a Tecnocracia*, organizado por Cândido Mendes, ed. Imago, Rio de Janeiro, 1975.

5. NO MEIO DO AMBIENTE: RECREAÇÃO E RECRIAÇÃO

"Quem não aprender com a História, está fadado a repeti-la."

SANTAYANA

"Ganharás o pão de cada dia com o suor de tua fronte." A cultura judaico-cristã atribuiu ao trabalho uma carga moral de castigo; tarefa necessária mas penosa a ser jamais compreendida como prazer, alegria, satisfação. Como se vê, é antiga a dualidade antagônica entre trabalho e recreação ou lazer. O lazer que os romanos denominavam *otium cum dignitate* era claramente o tempo do não-trabalho.

Igualmente moralista, porém com conotações diferentes, é a esperança idealista de autores como Marx e mais recentemente, Dumazedier, ao afirmarem que o trabalho é penoso *enquanto alienante* pois através do trabalho, em que é alienado da mais valia, perde o trabalhador seu objetivo de realização, sua satisfação e estímulo à criatividade. No entanto, quando o trabalho não mais implicar alienação e usufruto de mais valia, poderá ele ser criativo e não mais representar um sacrifício, um castigo.

Por outro viés, diz Marshall Mc Luhan:

> Enquanto na idade mecânica da fragmentação o lazer era a ausência do trabalho ou o puro ócio, é inversa a situação na idade da automação. A idade da informação exige o uso simultâneo de todas as nossas faculdades. Assim, descobriremos que estamos no maior lazer quando estivermos mais intensamente envolvidos: um pouco como artistas, em todas aquelas idades.

O debate dessas questões passou de textos doutrinários para as páginas de jornais naqueles países em que a afluência das classes dominantes resultava num "tempo livre" a ser usufruído.

Lazer e meio ambiente

Mais recentemente percebeu-se que para esse usufruto era necessário, além de tempo livre, *de espaço;* e por esse motivo o problema do lazer se ligou e se superpôs ao problema do meio ambiente. Donde a conveniência de abordar os dois temas em conjunto.

O lazer surgiu como "problema" naqueles setores da sociedade em que a boa renda de grande número de pessoas associou-se à diminuição das horas semanais de trabalho, resultante de avanços tecnológicos. Poderia, por isso, ser definido como o tempo que essas pessoas podem despender livremente em atividades gratificantes.

Nesta definição o termo "livremente" significa "com opções" e o termo "gratificante" significa: "com prazer físico, intelectual, espiritual". O termo lazer é hoje mais utilizado do que o termo "recreação", acarretando um viés pouco esclarecedor.

Tal preferência resulta provavelmente da predominância de textos em língua inglesa, sobretudo dos Estados Unidos, onde vários autores, entre os quais T. Veblen, descreveram uma classe considerada "ociosa" (*leisure class*), revelando um fato que lá chegou a já constituir um problema nacional[1].

(1) VEBLEN, Theodore. *The theory of the leisure class.* Mac Millan Co., 1899.

Recuperação intrapsíquica

Lazer é uma atividade de natureza peculiar, basicamente desligada das relações de produção; caracteriza-se por propiciar um repouso ao aparato psicomental do indivíduo; repouso da fadiga e desgaste resultantes das tensões e notadamente da rotina, isto é, da repetição incessante de atividades geralmente pouco motivadoras.

O embotamento provocado pela rotina impede ao indivíduo de mobilizar plenamente seus recursos internos e sua criatividade.

O desligamento da rotina, mediante uma atividade gratificante – o lazer –, deveria ensejar uma recuperação intrapsíquica importante para a preservação e enriquecimento da identidade do indivíduo.

Face a essa conceituação complexa parece parcial o conceito que define lazer apenas como *tempo livre*, pondo ênfase no problema do tédio e preocupação pela ausência de programação para aquelas horas em que o homem não dorme nem produz. Essas horas tenderiam a aumentar à medida que uma sociedade se industrialize ou chegue ao estágio de pós-industrialização. Verifica-se contudo que esta tendência não é contínua; em alguns países onde a jornada de trabalho tem sido diminuída, como por exemplo a Alemanha e a Suécia, os operários preferem, freqüentemente, ocupar-se com uma segunda atividade econômica que aumente a renda familiar, revelando, talvez, ainda não se terem inventado formas suficientemente satisfatórias para o desempenho da função recreativa. O conceito de recreação como tempo livre fica particularmente precário em países subdesenvolvidos em que a existência do segundo emprego, ocupando o chamado "tempo livre" de um chefe de família mal remunerado, inviabiliza qualquer recreação. Em algumas regiões, a carência de empregos, agravada pelo aumento de população e pela elevada taxa de urbanização, empresta outro sentido à expressão "tempo livre": para um desempregado, todo o tempo é "livre", sem que isso nada tenha a ver com lazer ou recreação.

A sociedade industrial e o surgimento de economias de mercado confirmaram o aspecto penoso e alienante do trabalho, valorizando, em conseqüência, o tempo do não-trabalho, o tempo livre ou de lazer, conceituado então como escape e repouso. Reforça-se então a idéia de oposição entre trabalho e lazer.

Ao abordar o tema, Marx escreve entre outros conceitos que "o trabalho é a essência do homem, mas o lazer é o território do desenvolvimento humano". Denominar esta atividade de *recreação,* em lugar de lazer, aproxima o termo de seu possível conteúdo, a saber: sua função recuperadora e recriadora. O objetivo da recreação seria, portanto, a recuperação física e intrapsíquica do homem bitolado pelas regras do jogo da produção e suportando mal aquelas tensões que lhe são prejudiciais na vida urbana; despertando, por outro lado, sua criatividade.

Deste objetivo genérico da recreação, o aspecto de recuperação física dos operários era muito bem visto na Europa e EUA do século passado como investimento útil para o aumento de produtividade. Com maior ou menor dose de hipocrisia, diversos movimentos religiosos e humanitários a favor da diminuição do horário de trabalho e de uma atividade de recreação para operários organizada (e controlada) chegaram até a ter o apoio de industriais.

Ato livre

Segundo Joffre Dumazedier, o lazer, muito além da mera recuperação de forças,

> é um conjunto de atividades em que o indivíduo, além de repousar e divertir-se, pode, sobretudo, desenvolver sua informação e formação desinteressadas, sua participação social voluntária, liberar sua capacidade criadora, desvinculado de suas obrigações profissionais, familiares e sociais.

Trata-se portanto de ato gratuito (livre) em sua adesão, destituído de fins deliberadamente lucrativos e desligado das relações diretas de produção.

Quando no período de lazer algo é produzido (um quadro por pintor domingueiro, ou um artefato de madeira feito por passatempo), essa produção é casual: o objetivo do lazer está na atividade e não no produto.

Uma função urbana

Le Corbusier, ampliando o conceito de recuperação, definiu a recreação como uma "re-criação" de energias, potencialidades e capacidade criadora do homem. Essa re-criação alcançaria, segundo a *Carta de Atenas* (1939), o *status* de uma das quatro funções básicas de vida urbana (as outras são: trabalhar, habitar e circular) e um meio para refazer energias despendidas nas tarefas produtivas, contrabalançando o esgotamento que o homem sofre, especialmente em sua vida urbana: desgaste físico e psicológico causado por tensões, por atividades rotineiras, pressão da competição, acirramento de invejas, frustrações constantes, compulsão para o consumo, erotismo exacerbado, voracidade estimulada, superficialidade e insatisfação nos contatos humanos e assim por diante. Situar a recreação como função urbana básica deu *status* ao problema e consagrou um diagnóstico: nem todas as tensões da vida em grandes aglomerados são contidas, assimiladas, pelos cidadãos.

A recreação seria então uma resposta à situação de tensões não assimiladas de forma adequada. Destarte a forma de recreação depende do modo em que se dá o desgaste físico, psicológico e dos seus hábitos. Para os habitantes de uma aldeia na África, por exemplo, o melhor lazer talvez seja representado por aquele recinto fechado, com microclima, chamado cinema; para o habitante de Nova York, talvez seja um gramado e o trinar de pássaros.

De qualquer modo, parece que a função recuperativa da recreação é mais psicológica do que física. O repouso físico pode dar-se no sono e no sonho. Enquanto que a distensão psicológica pode ser óbtida contemplativamente ou através de uma atividade diferente da habitual, uma distração, uma recreação. Um período de mero repouso físico não chega a melhorar automaticamente o desempenho das pessoas nas atividades produtivas: um estudo da O.I.T.[2] revela a predominância de acidentes do trabalho às segundas-feiras e logo após as férias.

Dirigir estímulos

Nas grandes cidades, a recuperação intrapsíquica proporcionada pela recreação torna-se essencial também para

(2) O.I.T. – ORGANIZAÇÃO INTERNACIONAL DO TRABALHO.

filtrar, compreender, criticar e assimilar ou recusar a enorme quantidade de estímulos sensoriais e intelectuais que o homem recebe constantemente pelos meios de comunicação. O lazer seria, assim, um instrumento para assimilar criticamente a avalanche sensorial e informativa, ajudando a enfrentar uma vida que se caracteriza pela transitoriedade dos valores e das motivações; contribuiria assim à recuperação intrapsíquica necessária ao homem que enfrenta constantes mudanças.

É preciso alertar, contudo, contra um deslocamento ocasional: se por um lado a recreação se caracteriza como uma função urbana necessária, não é verdade que *toda* tensão urbana seja nociva; nem é o lazer a *única forma* de resolver o problema daquelas tensões que são nocivas. Um estádio de futebol necessita da tensão resultante do aglomerado de torcedores; por outro lado, a tensão de um mau tráfego deve ser resolvida por medidas de planejamento e mudanças na estrutura da cidade e não pelo deslocamento do problema a enfrentar.

Tempo

Para que haja recreação é necessário disponibilidade de *tempo*, além das horas dedicadas à produção, ao sono e à alimentação. Esse tempo pode ser diário, semanal (*weekend*) e de longa duração (férias anuais). Para exemplificar: o lazer cotidiano pode ser representado por leitura, televisão, bate-papo no botequim, prática desportiva, encontro com amigos, cinema, namoro etc.; o semanal, por pescaria e campismo ou, em países afluentes e camadas mais ricas, pelo repouso em residência secundária na praia, no campo ou na montanha, usualmente permitindo uma evasão do quadro urbano em que se desenrola a vida produtiva e rotineira; e a recreação de longa duração é representada principalmente por viagens, inserindo-se nela o vasto capítulo do turismo, que pode ser definido como "lazer itinerante de longa duração".

Organizações do lazer

Em sociedades onde existe elevada renda *per capita*, muito tempo livre e elevado padrão de vida, surgiu um vasto mercado para a recreação; paralelamente criaram-se verdadeiras "indústrias" de lazer, melhor definidas como "serviços" do lazer; elas abrangem um leque muito diversificado de atividades econômicas, desde agências de turismo até fábricas de raquetes; da venda de passagens a prazo à publicação de livros e revistas; da organização de espetáculos musicais ao comércio de barracas para campismo.

O vulto dos interesses econômicos ligados aos serviços de lazer faz duvidar da liberdade que originariamente deveria ser inerente ao desempenho do lazer. A maior parte das formas de desfrutar o tempo livre é induzida por meios de comunicação, por organizações que manipulam massas para realizar os lucros inerentes à existência de tais organizações.

O turismo

O turismo de massas é um bom exemplo dessa crescente indução e condução do lazer, que só não chegou a ser totalmente dirigido porque os próprios empresários do ramo propiciam, por sua quantidade e concorrência, escolhas e opções a partir de tendências pessoais. Assim, a liberdade na recreação, face ao fato da maioria das atividades serem previamente programadas e oferecidas, resume-se a aderir ou deixar de aderir. Apesar de tudo, é preciso convir que sem essas organizações, públicas e privadas, a recreação não seria acessível ao crescente número de usuários.

Espaço

Além do fator tempo, boa parte das formas modernas da recreação requerem um outro importante fator componente: o *espaço*. Para o lazer cotidiano, por exemplo, o espaço necessário vai desde as dependências domésticas em que se valoriza a privacidade (condições adequadas para a leitura, para assistir a televisão etc.) até o gramado para as brincadeiras infantis e o bate-bola após às aulas. A paisagem urbana também pode ser considerada um espaço para o lazer passivo e contemplativo; na locomoção diária entre o local de trabalho ou estudo e o domicílio, percorrer a cidade pode ser enfadonho e desgastante ou, pelo contrário, revelar-se uma experiência altamente informativa e agradável para os sentidos.

Ao redor de grandes cidades, o espaço para o lazer semanal é composto por corredores de acesso (rodovias, por exemplo), por sítios naturais (matas, lagos, praias, morros e outros) ou por núcleos urbanos especialmente estruturados para tal fim (estações de água, colônias de férias, cidades praianas etc.).

Para contrabalançar o consumo do espaço provocado pelo lazer-mercadoria, característico das sociedades de consumo, considera-se necessária a criação de espaços, urbanos ou não, capazes de acolher atividades lúdicas e não programadas, ricas em possibilidades criativas, servindo de palco à iniciativa e invenção espontâneas e aumentando em última análise a lucidez dos cidadãos, sua experimentação e criatividade, a gratificação de desempenho em atividades livres, espontâneas. Como escreve Rosenberg[3]: "oportunidades de jogo são mais importantes do que equipamentos". Por que deve a recreação infantil limitar-se a *playground* com equipamentos padronizados? Não poderia a estrutura de toda a cidade ser adequada inclusive para suportar a invenção inerente à atividade lúdica infanto-juvenil?

Na exagerada exploração do espaço para fins de lazer, insere-se parte do grave problema da poluição; a invasão turística de sítios naturais ou cidades históricas acaba freqüentemente destruindo os próprios recursos existentes. Para evitar o caráter destrutivo da recreação é necessário o planejamento e organização dos espaços, assim como uma conscientização dos usuários.

O meio ambiente

De qualquer modo, a problemática da poluição possui uma gênese associada à recreação, ou melhor, à necessidade sentida, em primeiro lugar pelos setores ricos da sociedade, de fugir da intoxicação e "sujeira" urbana e de preservar limpos os locais de fuga.

No entanto, desde os primórdios desta posição, o tema do meio ambiente se transformou; hoje ele conquistou manchetes, livros, congressos e secretarias especiais nas Nações Unidas e numerosos governos.

(3) ROSENBERG, Gerhard. "The Landscape of. Youth". *Ekistics*, n. 166.

Nenhum político ou técnico, que ambicione prestígio ou deseje fazer carreira, pode deixar de mencionar o *meio ambiente* na condição de "problema emergente". Financiamentos de pesquisas são oferecidos, jornais e revistas acolhem prontamente a matéria, oradores ganham platéias ávidas, candidatos capitalizam votos desde que se coloquem na onda do meio ambiente. Para fornecer um parâmetro econômico de vulto do problema, há nos EUA uma despesa anual de 28 milhões de dólares em antipoluição. Por que foi o "meio ambiente" classificado mundialmente como problema emergente e prioritário? Possivelmente porque a Prefeitura de Nova York chega a gastar 2,8 bilhões de dólares anuais para coletar seu lixo. Ou porque os EUA não sabem mais o que fazer com as 48 bilhões de latas de seu dejeto anual. Enfim, a produção em massa acarretou sujeira em massa. E isto incomoda, custa e alcançou o nível de consciência das classes dirigentes e um considerável nível de desconforto da população em geral.

Os lucros da poluição

Mas há certamente outros motivos para a popularidade dos temas ligados ao meio ambiente: por um lado os lucros vinculados à produção de equipamento e serviços antipoluidores; por outro lado o receio que estejam escasseando recursos naturais para alimentar a produção, ameaçando alterações tecnológicas ou alterações no jogo de forças políticas, como se verificou na chamada "crise de petróleo" em 1973. E estas alterações significam custos e desequilíbrio inflacionário.

A conscientização para o problema do meio ambiente surgiu, em países industrializados, pelo caminho do desconforto da poluição. Revelou, no entanto, um problema universal e complexo.

Este problema tem sido encarado sob diversas formas de simplificação. Estas simplificações, ou visões unidimensionais, aplicadas ao problema do meio ambiente, resultaram na polarização de posições radicais, carentes em bom senso.

Posições apocalípticas

Em primeiro lugar há o *grupo apocalíptico* ou neomalthusiano simbolizado pelo chamado Grupo de Roma e também caracterizado pelas teses de diversos autores, entre os quais Paul e Ann Ehrlich. O Grupo de Roma produziu um livro (*Crescimento Zero*) em que seus autores, manipulando projeções demográficas, demonstram que a produção de recursos alimentares e energéticos do mundo será insuficiente para a demanda da crescente população mundial; conseqüentemente apelam para uma diminuição de crescimento populacional.

Os trabalhos de Ehrlich[4] são até mais precisos: já que os recursos mundiais são escassos e se tornarão insuficientes, é preciso decidir como aproveitá-los. Propõem os autores uma espécie de nova divisão mundial do trabalho, de visão neocolonialista: os países subdesenvolvidos não se industrializariam, limitando-se a alcançar um semidesenvolvimento; enquanto os países industrializados deveriam redesenvolver-se, partilhando seus lucros com os demais. Nesta redivisão de atribuição os países subdesenvolvidos conservariam intactas suas belezas naturais para o usufruto de turistas e forneceriam matérias-primas, aguardando a generosa distribuição dos dividendos oferecidos pelos países redesenvolvidos. A tese que objetiva criar, em nossos termos, "o jardim zoológico e botânico do terceiro mundo", tem a vantagem de ser inviável. Contudo não deve ser ignorada, pois nem foi construída de forma leviana, nem deixa de ter honestos defensores.

Aspectos demográficos

O aspecto populacional do problema ambiental também poderia ser examinado com menos emocionalidade partidária e mais bom senso. Como diz Miguel Ozorio de Almeida, "é mais fácil planejar economias do que planejar populações", especialmente quando se trata das populações de outros países.

Segundo P. Singer[5], invenções científicas do fim do século passado (vacina contra varíola, anestesia e assepsia) diminuíram consideravelmente a mortandade. A esperança

(4) EHRLICH, Paul & Ann. *The populational bomb*. N. York, 1970. *Famine 75: fact or fallacy* e *Population resources and environment: Issues in Human Ecology*. São Francisco, 1970.

(5) Paul Singer em artigo sobre demografia publicado na revista *Opinião*, 1974.

de vida em países industrializados é hoje de 70-75 anos tendo mais do que dobrado desde o século passado. Em países subdesenvolvidos, no entanto, a mortandade só começou a diminuir nos últimos 30 a 35 anos com uma alteração bem mais violenta; a esperança de vida no Brasil, segundo o mesmo autor, está hoje por volta dos 55 anos.

Por outro lado, a fecundidade não tem aumentado; há países que, em certos períodos, chegaram a não ter crescimento demográfico, sem que tal fato tenha provocado "alívio" algum no bem-estar de seu povo.

As teses neomalthusianas brandem dois argumentos para convencer os países subdesenvolvidos a reduzirem seu crescimento populacional: (1) os países com capitais escassos só podem poupar se as famílias forem menos numerosas; e (2) os recursos naturais estão se esgotando pelo consumo crescente decorrente do aumento de população.

Singer contesta estes argumentos lembrando que as maiores taxas de crescimento se dão em famílias pobres, enquanto a poupança e capitalização é feita no Brasil quase totalmente por empresas e por famílias não pobres. Haja visto o fato das cadernetas de poupança terem alcançado no Brasil, em 1974, uma poupança de cerca de 5 bilhões de cruzeiros, superior aos 4,5 bilhões arrecadados pelo BNH através do Fundo de Garantia. Por outro lado, os grandes consumidores de recursos naturais com perigo de escassear (como o petróleo) são as nações ricas e desenvolvidas, cujo crescimento demográfico é baixo. A produção mundial de alimentos tem crescido a um ritmo maior do que a população e não há por que duvidar que a tecnologia e políticas adequadas não possam resolver os conflitos entre população, produção de alimentos e poluição.

Planejamento familiar

O planejamento familiar é justo enquanto permite ao casal uma decisão consciente sobre a formação de sua família; é uma conquista decorrente da educação e elevação do nível de vida das populações hoje pobres e subdesenvolvidas. Por isso, um maior desenvolvimento e melhor distribuição de renda acarretarão, a seu tempo, uma provável diminuição de natalidade. As famílias pobres precisarão menos da ajuda econômica do trabalho de seus filhos menores, e não mais adotarão a atitude fatalista de ter muitos filhos, pois certamente apenas alguns "vingarão", morrendo em tenra idade boa parte deles de doenças e desnutrição. Mas não faria sentido considerar este planejamento familiar como uma necessária estratégia de salvação e sim como um indicador de elevação do nível educacional[6].

As teses apocalípticas preferem propor controles populacionais a enfrentar o problema do modo de produção dos países industrializados, responsáveis por 70% da poluição mundial (só os EUA produzem 50% da poluição industrial mundial). Tanto a poluição como o aproveitamento e escassez de recursos naturais fazem parte do problema do meio ambiente. Mas o que está em jogo não é apenas uma contabilidade entre oferta e demanda, em que, por um lado, se procura evitar o desperdício de meio ambiente e se planeja o seu usufruto; e, por outro lado, se controla, limita e privilegia o usuário. O que está em jogo são *políticas de desenvolvimento, valores da civilização, conceitos de planejamento.*

"Bem-vinda a chaminé que polui"

Prosseguindo no exame da polarização de opiniões encontramos, na extremidade oposta aos apocalípticos, os desenvolvimentistas extremados. Segundo estes, pouco importa a poluição do ar se a chaminé que a produz significar emprego e renda. O crescimento econômico é certamente mais contabilizável do que os custos sociais. Estes constituem variáveis de difícil quantificação, sendo por isso descartados nas manipulações analíticas de economistas ortodoxos. Custos sociais não comparecem nas contas nacionais. Ao contrário do crescimento econômico que é um parâmetro tornado objetivo pelas estatísticas, constituindo pedestal para o sucesso político. Nas contas nacionais, aliás, as despesas decorrentes da poluição acabam até aumentando o PNB, pois a fabricação de equipamentos de combate à poluição fornece índices positivos de produção e lucro.

(6) Em recente pesquisa realizada em S. Paulo (1973) verificou-se que 48% das mulheres utilizavam métodos anticoncepcionais; e entre as mulheres da faixa de renda mais baixa, 70% os utilizavam, por motivos econômicos.

Há outros motivos para o desequilíbrio de forças entre custo social e crescimento econômico. A este estão atrelados ponderáveis interesses econômicos. Talvez, por isso, haja tanta celeuma quando um governo pretende mexer na privatização de lucros, e nenhuma celeuma quando este governo permite a socialização dos ônus sociais.

As teses "pseudodesenvolvimentistas", que negam importância ao problema do meio ambiente, adotam às vezes um viés falsamente democrático (ou populista); consideram-no um problema de gente rica ou de país rico. Para os pobres e subdesenvolvidos a luta pelo desenvolvimento implica crescimento da economia. Mais tarde, bem mais tarde, tratar-se-á dos problemas do meio ambiente.

Entre esses enfoques extremos situam-se, no entanto, outras teses menos radicais e mais sensatas em que se *relaciona o crescimento da economia à qualidade de vida.* O economista Galbraith, representativo desta posição, escreveu:

> Importa menos a quantidade de nossos bens do que a qualidade de nossas vidas.

O economista I. Sachs[7] elabora o problema da relação acima propondo o seguinte diagrama:

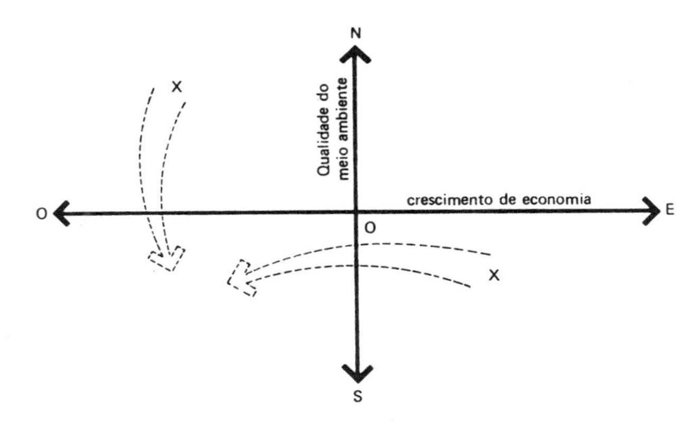

Quando há esforços pretensamente desenvolvimentistas (quadrante SE), surge um crescimento da economia

(7) SACHS, Ignacy. *Growth Strategies, Techonological change and environmental policies*, documento inicial para o Colóquio de Founez, preparatório do Congresso de Estocolmo, Paris, 1972.

que termina depauperando recursos e arrastando a situação para a degradação ao quadrante SO.

Mas quando uma nação subdesenvolvida investe pesadamente na mera melhoria do meio ambiente (quadrante NO) os setores mais pobres sofrem o desemprego da desaceleração da economia, degradando-se a situação para o quadrante SO.

Como formular uma política equilibrada no desejável setor NE? Segundo Sachs é necessário estabelecer estratégias de desenvolvimento inovativas e não estritamente econômicas, apoiando-se na conceituação de A. Wildavsky segundo a qual "a nova economia é basicamente uma política".

Economia é política

Caminhando ao longo do eixo OE, surgem as opções de implementar tecnologias não poluentes e elaborar a reciclagem de recursos ou sua substituição por recursos renováveis, ou de estabelecer estratégias de desenvolvimento baseadas em produzir qualidade e durabilidade, em lugar da atual maximização do ciclo produção-obsolescência-substituição.

Ainda, segundo o mesmo autor, se caminharmos ao longo do eixo ON, surgem as opções de uma política locacional de indústrias ou de uma revisão do uso do solo a partir de interesses sociais. Sugere, ainda, as possibilidades de melhorar o meio ambiente pelo uso de mão-de-obra intensiva, associada a um novo papel dos principais agentes de uso do solo: os camponeses considerados então como os conservadores da natureza.

Novas alternativas

Este enfoque, global e criativo, questiona o enfoque costumeiro caracterizado pelo pretenso fatalismo do ciclo produção-poluição-antipoluição.

Esta seqüência, em que os acréscimos de custo decorrentes da antipoluição são passados para o consumidor final. descreve o que ocorreu no crescimento dos atuais países industrializados.

Mas de forma alguma necessita ser aceito como a *única* seqüência possível, pois isto significaria aceitar nossa incapacidade de aprender com a experiência alheia. Como escreveu Hegel, "quem não aprender com a História está fadado a repeti-la". Aguardar a ocorrência de poluição, para só então intervir pelo acréscimo de processos e equipamentos antipoluidores, é negar a capacidade de planejamento.

Nos países de economia socialista, onde o interesse econômico privado não prevaleceu, infelizmente também surgem os estragos no meio ambiente com igual possibilidade de sucessos ou falhas. Nestes, a prevalência da luta pelo incremento de produção também impediu uma abordagem suficientemente ampla e previdente.

A conveniência de jogar o problema para outro independe do regime econômico, como independem a existência de imaginação, a criatividade ou a precipitação de decisões sem conhecimento técnico. "O planejamento unidimensional, com um único objetivo, como, por exemplo, o crescimento econômico, acaba sempre sendo destrutivo".

Riscos de imobilismo

As posições polarizadas e insensatas na abordagem do meio ambiente eludem na realidade a essência do problema e levam a um imobilismo com relação ao desenvolvimento e à preservação dos recursos não renováveis. Por um lado, a humanidade já enfrentou desafios mais graves: a peste bubônica dizimou 50% da população européia; uma proporção muito maior do que a hecatombe das últimas guerras. Por outro lado, no entanto, nada justifica ignorar ou assistir passivamente ao desgaste de recursos naturais e à diminuição da qualidade de vida.

No chamado relatório de Founez – texto preparatório do Congresso de Estocolmo (Nações Unidas, 1972) – apontam-se alguns efeitos colaterais do desenvolvimento agrícola, industrial, urbano e de transporte:

a) deterioração de recursos (por exemplo de florestas, do solo);

b) poluição biológica (agentes de doenças humanas, pestes animais e vegetais);

c) poluição química (resultantes de poluentes no ar, efluentes industriais, pesticidas, e outros defensivos agrícolas, componentes metálicos e detergentes);

d) estragos físicos (poluição térmica, erosão e ruídos);
e) estragos sociais (por exemplo congestionamento e perda do sentido comunitário).

Dentro dessas categorias genéricas situam-se ocorrências que se distribuem de formas diversas para cada país, de acordo com a intensidade e modo que se dá à exploração de recursos naturais e à forma de produção.

Por exemplo, um norte-americano consome durante seus 70 anos de vida:

	26	milhões de galões de água
	21 000	galões de gasolina
	10 000	libras de carne
	28 000	libras de leite e creme
US$	8 000	em edifícios escolares
US$	6 000	de roupa
US$	7 000	de móveis.

Em compensação, o dejeto anual norte-americano, característico da produção de massa, compreende, como já mencionamos antes,

7	milhões de carros
100	milhões de pneus
20	milhões de toneladas de papel
28	bilhões de garrafas
48	bilhões de latas.

Nos EUA os seus 83 milhões de carros são responsáveis por 60% da poluição do ar. E o uso de detergentes resultou em conter o leite materno 0,10 a 0,30 partes de DDT por milhão: duas a seis vezes mais do que a legislação permite encontrar no leite de vaca engarrafado!

Face a estes dados, é difícil aceitar-se a possibilidade dos que advogam atacar problemas do meio ambiente "mais tarde", quando já não formos um país de economia subdesenvolvida. A colocação desta falsa alternativa (preservação do meio ambiente *ou* crescimento da economia) implica aceitar modelos civilizatórios rígidos importados.

Atrás desta passividade, supostamente desenvolvimentista, está uma posição atrasada de planejamento, segundo a qual a otimização de relação ou variáveis quantificáveis seria a meta do planejador e da sociedade. Infelizmente não é possível quantificar beleza, prazer, repouso, lazer, criatividade, de forma adequada a uma otimização automática. Para que estes conceitos possam ser otimizados é preciso encontrar formas dos cidadãos expressarem seus projetos de vida e influírem no planejamento do meio ambiente.

Inovações

Os países subdesenvolvidos, mormente os de recursos abundantes como o Brasil, apresentam condições excepcionais para se tentar soluções que fujam à falsa alternativa acima apontada.

Alguns exemplos poderão ilustrar este ponto.

Em países industrializados há redes de esgotos construídas há séculos de acordo com a tecnologia tradicional da "cloaca máxima" romana, com a recente modernização do tratamento final. Se nestas cidades 95% dos domicílios estão assim atendidos, o que fazer com a eventual demanda dos 5% não atendidos? Só há uma resposta sensata: investir para completar a rede, sem alterações fundamentais de ordem tecnológica.

Muito ao contrário, em países subdesenvolvidos encontramos 5% de domicílios atendidos por redes tradicionais de esgoto, e 95% por atender. O que fazer? Aqui, sim, colocam-se opções: será a cloaca máxima a forma mais adequada, rápida, de atender o problema do imenso déficit em saneamento? Ou vale a pena investigar outras alternativas tecnológicas? O que é mais viável: garantir água tratada para todos beberem deixando que fossas céticas continuem poluindo o solo, já com menos risco, ou ao mesmo tempo convém abordar o problema da inovação na tecnologia da fossa?

Outro exemplo: em países de crescimento demográfico lento a rede urbana está fortemente estabelecida. Mas no Brasil o crescimento populacional e sua mobilidade ensejam a possibilidade de induzir ocupações de solo por meio de políticas de incentivos e outras táticas de indução. Coloca-se assim a alternativa locacional para as inúmeras indústrias que ainda estão por vir.

A crise do petróleo

Caberia aqui, à guisa de parêntese, algumas observações ricas em conotações para o problema em pauta. A preservação do meio ambiente foi fortemente contingenciada, no ano de 1974, pela política dos países produtores de petróleo. A manobra altista neste setor energético pôs a nu a artificialidade com que era mantido baixo o preço desse recurso não renovável. No momento em que as grandes companhias petrolíferas (as chamadas "Sete Irmãs"[8]) deixaram de conduzir a política de preços, qualquer motivo conjuntural permitiu dramáticos efeitos, iniciando-se pela quintuplicação do preço do petróleo. A situação de impasse no conflito do Oriente Médio motivou a maioria dos países produtores de estabelecerem uma chantagem de enormes efeitos multiplicadores; entre estes o agravamento do descontrole inflacionário, capaz de questionar o próprio sistema monetário mundial.

Para exemplificar: de um saldo positivo de 11,2 bilhões de dólares em 1973, os balanços de pagamento dos países desenvolvidos passaram ao final do primeiro semestre de 1974, para um saldo negativo de 38 bilhões de dólares! Neste período, os seis países subdesenvolvidos produtores de petróleo foram creditados com 49,2 bilhões vindos de países ricos e desenvolvidos e mais 10,5 bilhões vindos de países subdesenvolvidos.

Outro indicador: o Kuwait apresentou em meados de 1974 uma renda *per capita* de 25 mil dólares, quatro vezes maior que a dos EUA e 50 vezes maior que a do Brasil.

Esta crise agravou fortemente a inflação mundial e pôs em xeque todos os balanços de pagamentos. Como observa J. Beting, enquanto a inflação de países subdesenvolvidos em nada afetava os demais, a inflação dos centros do sistema capitalista mundial afetaram violentamente a vida econômica de todos os países.

Recursos naturais

Esta situação trouxe à baila três problemas a considerar dentro do tema em pauta: (1) a reavaliação dos

(8) Exxon, Shell, Mobiloil, Texaco, British Petroleum, Standard e Gulf.

estoques de recursos naturais em cada país; (2) o risco de ataques aos sítios naturais em busca de novas fontes de recursos. Por outro lado, o preço do petróleo tornou subitamente possível (3) outras tecnologias e fontes energéticas: o xisto betuminoso, o gás longínquo, as fontes geotérmicas, a radiação solar a ser pesquisada, a transmissão de energia hidroelétrica por meio de gases, a utilização do ciclo de hidrogênio; todas estas perspectivas de médio ou longo prazo de maturação tornaram-se de repente possíveis, economicamente viáveis e de investigação urgente.

As estimativas de recursos não renováveis de petróleo e gás natural eram conhecidas há tempo. Dr. King Hubbert por exemplo realizou cálculos que são sintetizados no gráfico abaixo que mostram quão próxima está a data de esgotamento das reservas conhecidas e das estimadas:

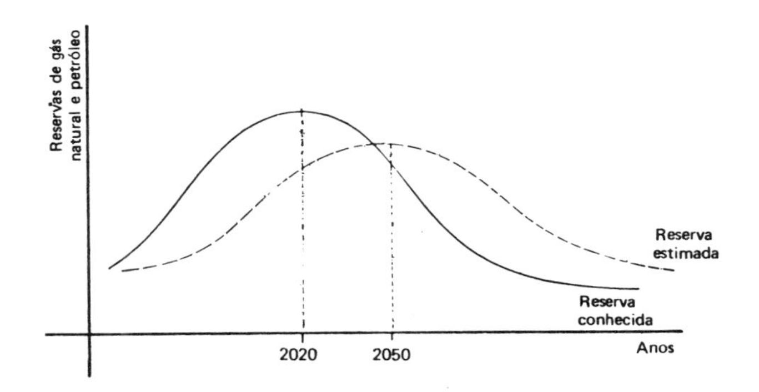

Alternativas tecnológicas

No entanto, foi necessário uma brusca alteração de custos para que os estudos de tecnologias alternativas se tornassem subitamente urgentes.

A reavaliação de estoques de recursos naturais deve diferenciar os recursos *renováveis* dos não *renováveis.* Nos primeiros surge a necessidade de estabelecer técnicas adequadas de reposição, assim como a invenção de novas formas de utilização.

No que tange às fontes energéticas, convém por isso dividi-las segundo a possibilidade de renovação. A energia hidroelétrica, solar, geotérmica e eólica, são praticamente renováveis ou permanentes; enquanto a energia produzida por combustível petroquímico, carvão, fissão de urânio e tório utiliza recursos não renováveis.

Políticas do meio ambiente

Neste enfoque, a utilização do meio ambiente para o desenvolvimento, para a produção, para o crescimento da economia, deverá criar ou adequar sua tecnologia no sentido de: (1) repor os recursos naturais, (2) corrigir desgastes possíveis de remediar, (3) prevenir, locacional e tecnicamente o desgaste inútil dos recursos naturais, (4) substituir gradativa e continuamente as fontes de recursos não renováveis, sempre que possível, (5) prospectar e estabelecer uma política de exploração e estocagem de recursos não renováveis.

A elaboração destas políticas é prioritária para bloquear o insensato desperdício de recursos resultante do embate entre a *tecnosfera* e a *biosfera* na expressão de Toynbee. Esta insensatez é responsável por graves agressões ao meio ambiente cujos responsáveis principais são: (1) os interesses econômicos de curto prazo; (2) a visão imediatista de técnicos e políticos do setor público; e (3) o ocasional baixo nível educacional e de espírito público. Esta situação é agravada na atual conjuntura pelos seguintes fatos: os EUA, cuja população mal atinge 5% da população mundial, geram uma renda bruta de 34% da renda mundial; de forma mais geral, cerca de 80% da renda bruta mundial são gerados e consumidos por apenas 14 dos 194 países[9].

Assustados com o fenômeno da inflação descontrolada, os países industrializados contradizem, ao primeiro sinal de alerta, toda sua política ambiental: derretendo neves do Alasca; explorando xisto no parque nacional de Yellowstone; autorizando novas refinarias anteriormente bloqueadas por recusas de financiamento decorrentes da anterior política antipoluidora; continuando a perfurar o mar em busca de petróleo, apesar do grave risco à ecologia marinha provocado pelos derrames que impedem a oxigenação da água; insistindo em montar centrais nucleares sem

(9) Dados citados por Joelmir Beting em "Aldeia Terra S/A", separatas da *Folha de São Paulo*, setembro 1974.

ainda ter resolvido o que fazer com o plutônio e com o resíduo radioativo de altíssima periculosidade.

Inegavelmente a abordagem do meio ambiente do homem não é possível sem grande dose de multidisciplinaridade e visão estratégica. Sua abordagem não se dissocia das estratégias referentes a recursos naturais, nem se separa da política de lazer e qualidade de vida.

Por isso, longe de ser um assunto supérfluo, interessando apenas gente e países ricos, em sua solução se traduz a estratégia de desenvolvimento de uma nação. Desenvolvimento este cujo estilo deverá adequar-se a condições próprias, investigando-se alternativas e não receando criar e propor estilos diferentes dos adotados por países hoje industrializados e poluídos. Lidar com este problema não é uma alternativa para o desenvolvimento: é um *modo* do desenvolvimento. Conseqüentemente, o planejamento não pode deixar de abordar o problema, sob risco de reduzir sua atividade a uma alienada abstração de pouca utilidade[10].

(10) O Governo de S. Paulo lançou em 1975-76 uma série de eventos subordinados ao tema "Alternativas do desenvolvimento", abordando sob coordenação da Secretaria de Economia e Planejamento, a energia solar, sistemas de transporte, tecnologias para o esgoto, medicina popular etc.

6. HABITAÇÃO: O DIREITO DOS MORADORES

"Receio estarmos construindo atualmente uma monotonia comparável à das sociedades escravagistas."

J. B. BAKEMA

Não são apenas os problemas do meio ambiente que têm sofrido de enfoques maniqueístas e de soluções excessivamente generalizadoras. A habitação também tem sido definida como problema e abordada, segundo enfoques simplistas e abstratos, na medida em que se afastam das expectativas e vivência de seus principais interessados: os moradores.

A habitação alcançou foros de problema urbano de amplitude nacional, especialmente na reconstrução do pós-guerra europeu e nos esforços e especulações de remanejamento urbano nos EUA.

Em ambos os casos prevaleciam aspectos *quantitativos*, isto é, o atendimento de uma demanda em unidades. O motivo era óbvio: a destruição de moradias pela guerra exigia a reconstrução dos abrigos; por outro lado, a escassez, desorganização e esforço de recuperação da economia desses países, arrastavam para as cidades levas migratórias; finalmente, as populações passaram a crescer constantemente, seja em virtude de políticas demográficas estimuladoras (como o sistema de seguro social na França), seja por terem cessado, com a paz, os motivos de apreensão que cautelosamente mantinham a prole escassa.

É claro que nessas experiências da Europa de pós-guerra se atingiu algo mais do que a resposta quantitativa da demanda. Para atender à demanda habitacional (muitas unidades em pouco tempo) desenvolveram-se métodos construtivos e a pré-fabricação; e se puderam concretizar diversas teorias e teses sobre conjuntos habitacionais, cidades-satélites, unidades de vizinhança etc. A pressão, contudo, permaneceu sendo quantitativa, pois a grande demanda era, de fato, o problema emergente a resolver.

A mobilidade

No Brasil e, cremos, no resto da América Latina, o enfoque também tem sido predominantemente quantitativo. No entanto, não houve aqui guerra nem necessidade de reposição de abrigos. O problema habitacional não configurou uma crise e sim um problema estrutural, vinculado ao crescimento demográfico e à extrema mobilidade da população. Mobilidade física: migração nacional e deslocamentos urbanos para aproximar-se do local de trabalho. E mobilidade social, estimulando o cidadão a mudar de domicílio, melhorando seu "endereço". A resposta à demanda criada por esta mobilidade recebeu um enfoque quantitativo, resultante de uma visão econômica peculiar, bem caracterizada pelo que tem sido a política do Banco Nacional da Habitação.

O BNH administra um dos grandes patrimônios financeiros do país: o Fundo de Garantia por Tempo de Serviço, isto é, 8% de todas as folhas de pagamento do país. Este Fundo recolheu em 1973 cerca de 4,5 bilhões de cruzeiros. Este patrimônio tem que ser administrado de molde a não depauperar o seu valor, teoricamente resgatável para a cobertura de aposentadorias e seguro social dos assalariados.

Como entidade bancária, é compreensível que o enfoque da habitação tenha sido quantitativo, cauteloso e capitalista. A demanda se traduzia por "capacidade de tomadores para os empréstimos"; os repassadores de financiamentos deviam obter "ganhos de escala" produzindo conjuntos habitacionais suficientemente grandes; apesar de nunca ter havido estudos profundos sobre quais são estes ganhos de escala.

Um engenhoso sistema

A habitação foi assim inserida em um curioso encadeamento de grande significado econômico; um sistema engenhoso em que habitação figura como um dente de uma engrenagem bem construída: em *primeiro* lugar a construção da habitação oferecia *empregos* para operários pouco especializados; em *segundo* lugar criava-se assim empregos novos por um custo duas vezes *menor* do que o menor custo de criação de um novo emprego industrial; em *terceiro* lugar combatendo o desemprego, a construção da casa vitalizava a *indústria de materiais de construção*, setor que por sua vez emprega mão-de-obra pouco especializada. Em *quarto* lugar, dentro dessa engrenagem, situava-se também o mercado de capitais; através de engenhoso mecanismo de repasse conseguia-se recolher *poupanças* de empresas e pessoas medianamente ricas, dirigindo-as para o setor da construção. Em *quinto* lugar não deixava de existir a esperança ideológica de reduzir o potencial contestatório do "proprietário" da habitação. Finalmente dentro desta hábil estrutura, de considerável fator multiplicador, situava-se em sexto lugar, a própria habitação, como abrigo.

Inegavelmente, o sistema montado tem suas virtudes no plano da economia nacional. Como explicar, então, a inversão de expectativas e os freqüentes fracassos que ocorreram nos setores da habitação popular?

Quase 50% dos moradores de casas de COHABs[1] não puderam acompanhar a correção monetária que trimestralmente lhes aumentava a prestação de amortização; segundo registros da Prefeitura de São Paulo, assim como de outras Prefeituras, a maior parte das habitações individuais foram construídas, nos últimos anos, sem contar

(1) "Companhias de Habitação", das Prefeituras Municipais, cujos empreendimentos atendem famílias de salários mensais familiar entre 1 e 3 salários mínimos.

com recursos do sistema BNH, o qual se responsabilizava até 1972 por apenas 25% das novas unidades habitacionais construídas[2]. Por outro lado, é inegável que a quase totalidade dos conjuntos habitacionais têm um aspecto deplorável, monótono, massificante – aspecto este detestado por seus moradores que tudo fazem para mudá-lo.

A situação sugere que os resultados poderiam ser melhores se o enfoque fosse menos bancário e menos paternalista. Se não se decidisse lá na cúpula tecnocrática o que é bom para uma determinada família, produzindo generalizações que beiram a abstração. Aprofundemos este aspecto do problema.

As funções da habitação

Qual é, de fato, a função da habitação nas cidades brasileiras? Num primeiro momento tem ela a função de *abrigo*; o abrigo é a condição mínima para a constituição de uma família nova, ou para a chegada de um imigrante.

As condições climáticas brasileiras permitem relativa precariedade para este abrigo inicial: uma choupana, um barraco, um abrigo improvisado sob uma ponte chegam a servir de habitação inicial. Precária e subumana, mas ainda "possível", como primeiro passo para a conquista da desejada fixação urbana. Neste primeiro momento, a sobrevivência é garantida pelo emprego e não pela habitação.

Garantida a sobrevivência, passa-se ao segundo momento, ou função da habitação: o da garantia de *fixação na cidade*. Esta fixação urbana é ardentemente desejada; sua obtenção é uma conquista, uma vitória, para toda família que se urbaniza. Se, no começo, é o emprego que lhe garante a urbanização, logo percebe que este emprego é variável e inseguro. Variável no espaço e inseguro no tempo. A falta de especialização aumenta a insegurança e a freqüência de mudança de emprego.

Surge, assim, o fortíssimo desejo da casa própria. Ela é muito mais do que mero abrigo. É a garantia de não ser mandado embora de não perder o *status* de cidadão urbano.

Num terceiro momento, a fixação de domicílio, através da obtenção da casa própria, fornece um *endereço*,

(2) COSTA, Rubens V. da. *Crescimento urbano do Brasil: desafio e oportunidades.*

atributo importante para caracterizar a situação de residente urbano. Este momento define uma vida de relação mais estável na vida societária do imigrante, inserindo-o numa vizinhança.

Num quarto momento, a casa própria abre, finalmente, o caminho dos *crediários*. Conclui-se assim o processo de urbanização, de homogeneização do imigrante na sociedade urbana na qual ele ambiciona integrar-se. Em que pese sotaque regional e hábitos forasteiros, com casa e crédito, ele passa a ser "igual aos outros" na faina competitiva imposta pela cidade grande e pela sociedade de consumo.

Possuir algo permite prometê-lo como garantia na aquisição de novas posses. A cidade otimiza o efeito de demonstração do consumidor e permite grande eficiência à publicidade do consumo de bens. Submeter-se à tirania da coisa oferecida, comprar os símbolos da conquista urbana, são atitudes compreensíveis, mesmo quando pouco razoáveis.

Finalmente, quinto e ocasional momento, não se pode esquecer que a casa própria permite sua utilização como eventual *fonte de renda* adicional. A construção de casa própria inicia-se às vezes pela construção de uma moradia provisória no fundo do terreno; esta, após a construção da moradia definitiva, passa a servir como edícula alugada para algum parente ou amigo. Por outro lado, a casa pode vir a servir como local de trabalho: seja um artesanato, seja uma modesta atividade comercial.

Onde morar?

Vimos como, com a fixação do domicílio, se estabelece uma vida de relação; a casa insere-se num contexto urbano bem localizado: a rua e o bairro em que se vive. Nesta vida de relação surge o problema da vizinhança, do *status* representado pela ostentação de casa, sua antena de TV, seu carro estacionado no lugar de um jardim, os ornamentos da fachada etc. Pelo caminho da fixação domiciliar o novo cidadão se insere numa vizinhança. Mas o que vem a ser vizinhança e com que critérios é ela selecionada pela família que pretende adquirir ou construir sua casa?

Se a habitação, nas camadas populares, tem tal variedade de funções e importância vivencial, pode-se compreender que sua localização não seja indiferente, não se podendo decidir levianamente sobre remoção de favelas ou localização de conjuntos habitacionais.

Em estudo realizado em 1970 para a COHAB de São Paulo[3], tentamos identificar os fatores que otimizariam a localização urbana de habitações para famílias de baixa renda. Isolaram-se os seguintes oito fatores pertinentes:

1. inserção na estratégia de intervenção expressa no PUB--Plano Urbanístico Básico;
2. proximidade de empregos industriais;
3. proximidade de atendimento comercial (abastecimento);
4. proximidade de equipamento sociocultural (escola, biblioteca, dispensário médico, pronto-socorro etc.);
5. infra-estrutura (luz, água, esgoto, gás);
6. transporte rápido de massa (trem e previsão de metrô);
7. linhas de ônibus;
8. centros de serviços (correio, pólos comerciais etc.).

O primeiro fator é importante na medida em que representa a expectativa do poder público alterar, beneficiando, uma determinada área em que se deseje construir habitações. A perspectiva que se obtém não é garantia de projetos e obras a curto prazo, mas constitui uma boa hipótese de vetor de desenvolvimento urbano e de valorização do terreno. Ao analisar a estratégia proposta pelo PUB, identificamos os seguintes pontos básicos:

a) localização de *corredores urbanos* destinados à intensa ocupação do solo, uso diversificado e concentração linear de transporte e outros serviços;

b) zona de influência imediata da rede de *vias expressas* de caráter viário; estas vias projetadas em 1973-74 poderão eventualmente servir a linhas expressas de ônibus;

c) zona de influência das futuras linhas de *metrô*, segundo a rede expandida proposta pelo PUB;

d) melhor estruturação dos *centros secundários* já existentes ou em formação;

e) distribuição estimada dos empregos, segundo proposta projetada para 1990.

(3) WILHEIM, J., DEAK. C. & LINK, V. *Critérios de classificação de conjuntos habitacionais.* COHAB, 1970.

A fim de verificar, por comparação, quais as melhores localizações de habitação entre diversas alternativas, atribuíram-se notas a cada um dos oito fatores pertinentes acima, ponderando-se o resultado total em função de valores dos cinco pontos básicos da estratégia acima enunciados após sua distribuição geográfica.

Para obter os índices parciais, ou notas, adotou-se um critério pragmático: acessibilidade e número de pessoas atendidas; a acessibilidade era medida em distância entre o futuro conjunto habitacional e o equipamento ou outro fator pertinente mais próximo.

Adaptado a numerosos casos, verificou-se, por bom senso e exame local, que os critérios acima eram suficientemente objetivos para a finalidade considerada.

Expectativas diferençadas

A metodologia e análise acima descritas revelaram e qualificaram a importância da localização urbana para as habitações populares. Como bem observa John Turner[4], esta importância fatalmente difere segundo faixa de renda. Para uma família de baixa renda, são fundamentais a *garantia* de um terreno para sua casa ou barracão e a *proximidade* do local de trabalho e abastecimento comestível; economizar em transporte e não ser expulso são os fatos básicos e até suficientes para gradualmente perseguir seus objetivos de vida que vão da sobrevivência para o da vivência, esta já garantida por uma melhor renda. Já para a classe média, dotada de maior mobilidade, via renda, a proximidade de emprego e abastecimento é importante mas não básica; em compensação a qualidade da casa, sua aparência, as condições de vizinhança e segurança, começam a figurar como fatores básicos.

Segundo Turner[5], boa parte dos fracassos ou frustrações nas políticas habitacionais resulta do fato de seus elaboradores pretenderem atender à carência de habitações populares a partir de conceitos e expectativas da classe média.

Em outros termos: quantifica-se a demanda e parte-se para soluções cuja natureza não caracteriza faixas diferençadas de renda.

(4) TURNER, John C. *A new concept of housing deficit.*

(5) *Idem. Housing Improvement and Local Participation.* Cambridge, M.I.T., 1970.

Possivelmente, uma política de controle de preços da terra, formas de subsídio para aquisição de lotes por parte das famílias de baixa renda, a implantação de infra-estrutura e equipamento de óbvia capacidade indutora e uma política explicitada e conhecida para a ocupação do solo, traria resultados mais satisfatórios e rápidos do que a construção de desmensurados conjuntos habitacionais. Na construção destes – lamentável e freqüentemente parecidos a quartéis e a cemitérios – há uma constante ambição olímpica e circense por parte da entidade empreendedora: superar recordes. Mas esta ambição está quase sempre na razão inversa da solução adequada: para construir um milhar de casinhas acaba-se selecionando áreas afastadas, totalmente antagônicas aos fatores básicos necessários para satisfazer as expectativas de famílias de baixa renda.

Turner, no estudo citado, propõe um gráfico, baseado em uma experiência peruana (Lima), para evidenciar as expectativas, ou prioridade, segundo faixas de renda.

Prioridades habitacionais (expectativas)

Prioridades: V, IV, III, II, I
Inconveniente, Supérfluo, Conveniente, Importante, Essencial
Faixa de renda
Profissional liberal (classe média)
Salário mínimo
Imigrante urbano
A, B, C

modernidade (adequação e aparência) da habitação
propriedade do lote
proximidade de serviços e equipamentos

Examinado o caso, segundo este enfoque, a mera quantificação de demandas habitacionais ou a estimativa do déficit não parece ser suficiente, ou sequer significativo, para o estabelecimento de uma política habitacional.

Segundo a renda familiar duas famílias de igual número de componentes podem apresentar, como emergente, um problema habitacional ou um problema de emprego. Ora, estas duas famílias têm expectativas e problemas diferentes e reagirão de modo diverso a uma mesma política de oferta de habitações.

Esta reação diferençada não costuma ser avaliada ou levada em conta por economistas e outros planejadores. Talvez porque sua contabilização seja difícil. As expectativas picossociais, em que pese sua importância e força geradora, não conseguem entrar nas contas nacionais. Com efeito, é difícil medir a potencialidade e resultados de atitudes e atividades como as seguintes:

a) ajuda da mãe de família que no intervalo de seus afazeres colabora na colheita ou desbulha milho ou costura almofadas para vender;

b) o filho menor engraxate ou biscateiro contribuindo para a renda familiar;

c) o "bico" do funcionário público que é motorista particular nas horas vagas;

d) a construção domingueira e remunerada da casa do vizinho;

e) a revenda de roupa usada etc.

Estas atividades econômicas inexistem nas estatísticas e são consideradas de pouca importância para a economia nacional. No entanto deveriam ser valorizadas com justiça, pois representam um incrível e dinâmico esforço, cheio de invenção e criatividade, para sobreviver e avançar na vida.

Até em economias socialistas (no caso, a Polônia) estas atividades – deixadas livres de qualquer meta preestabelecida ou planejamento – revelaram um dinamismo surpreendente: os vendedores de roupa usada e os pequenos floricultores tornaram-se, na década de 60, os novos-ricos de Varsóvia!

A energia despendida por uma família para concretizar o seu projeto de vida, consubstanciado na casa própria, constitui um elemento dinâmico básico para um planejamento inovador e não controlador, que pretenda utilizar táticas de indução.

Seu reconhecimento pode fornecer-nos ilustrações e orientação para a elaboração de uma política habitacional mais adequada.

Por "adequada" entendemos *satisfatória para os usuários*; por conseqüência, socialmente válida e provavelmente econômica.

Acreditamos que para atender à demanda da classe média, assim como para atender aos objetivos não habitacionais do chamado Plano Nacional de Habitação – PLANHAP – do BNH (empregos na indústria de construção, empregos indiretos etc.), seria suficiente o aperfeiçoamento das políticas de financiamento postas em prática pelo BNH, especialmente pelo estímulo à poupança através da rede de companhias financeiras do setor privado.

Mas, para uma política habitacional destinada à população de baixa renda, parece fundamental levar em consideração fatores até hoje ignorados e acima meramente sugeridos, incluindo certa dose de subsídio.

Não é fácil, talvez até impossível, categorizar com precisão as diversas expectativas de uma população em relação à sua habitação. Face a essa dificuldade, os técnicos de governos têm tido o hábito de decidir pelos outros, isto é, de propor uma solução de casa, de x metros quadrados, como alternativa única; a variação possível resume-se a uma metragem maior ou menor, implicando sempre em custos e financiamentos semelhantes, em natureza, aos oferecidos à classe média.

A decisão sobre o modelo de habitação e o encaminhamento para obtê-la é, assim, sempre estabelecido de cima para baixo. É uma oferta do governo aos cidadãos. "Ame-a ou deixe-a". Contudo, já vimos que mais da metade dos que edificaram sua habitação não quiseram ou não puderam aceitar essa oferta.

O que ocorreria se invertêssemos os papéis? Se coubesse aos usuários (famílias, cidadãos) a decisão sobre o modelo de habitação e escolha da forma de obtenção de ajuda ou viabilização governamental?

Teríamos possivelmente um menor risco de erros e frustrações. Em lugar de decidirmos de cima para baixo qual o caminho dos usuários para a obtenção de uma habitação, deixaríamos que estes decidissem qual o caminho a seguir – mais rápido, adequado e econômico – para resolver o problema habitacional de cada família.

Dentro deste enfoque, a política governamental poderia limitar-se (e isto não é pouco) a montar uma estrutura de apoio às decisões dos usuários, veiculando recursos financeiros através de diversas carteiras e subsistemas financeiros postos à disposição dos interessados. Como, por exemplo, no quadro apresentado na página seguinte[6].

A decisão das famílias

O governo abdicaria da posição de determinador do tipo de casa e tipo de financiamento destinado a cada família; mas passaria a implementar a decisão das famílias, oferecendo-lhes uma estrutura de caminhos financeiros que estas julgassem mais adequada em cada caso.

Sabemos que muitos elementos dessa estrutura de apoio já existem: carteiras hipotecárias, financiamento de materiais de construção (RECON), crédito pessoal para construção, financiamento da casa própria etc.

Propõe-se sua sistematização numa estrutura, amplamente divulgada, que aceitasse e estimulasse a invenção de soluções por parte do usuário.

Para cada faixa de implementação institucional haveria subsídios adequados. Por exemplo: para a família que tem um terreno mas precisa de financiamento para a construção, não deveria haver apenas a concessão de numerário; este poderia vir precedido de alguns projetos típicos, a escolher, que permitissem entregar, além do dinheiro, os seguintes elementos:

a) cálculo de materiais necessários;
b) cronograma típico de sua edificação do momento para a compra de materiais e distribuição das despesas;
c) lista de fornecedores mais próximos do local da construção e que se comprometem à obediência a tabelas de preço eventualmente existentes.

(6) Esquema proposto anteriormente pelo autor, em dois trabalhos de que participou: *Subsídios para o estabelecimento de diretrizes habitacionais,* São Paulo, Secretaria de Bem-Estar Social, 1970; e *Recursos Humanos na Grande S. Paulo,* São Paulo, GEGRAN, Secr. de Econ. e Planej., 1971. O quadro inspirou-se em esquema semelhante apresentado por J. Turner em obra citada.

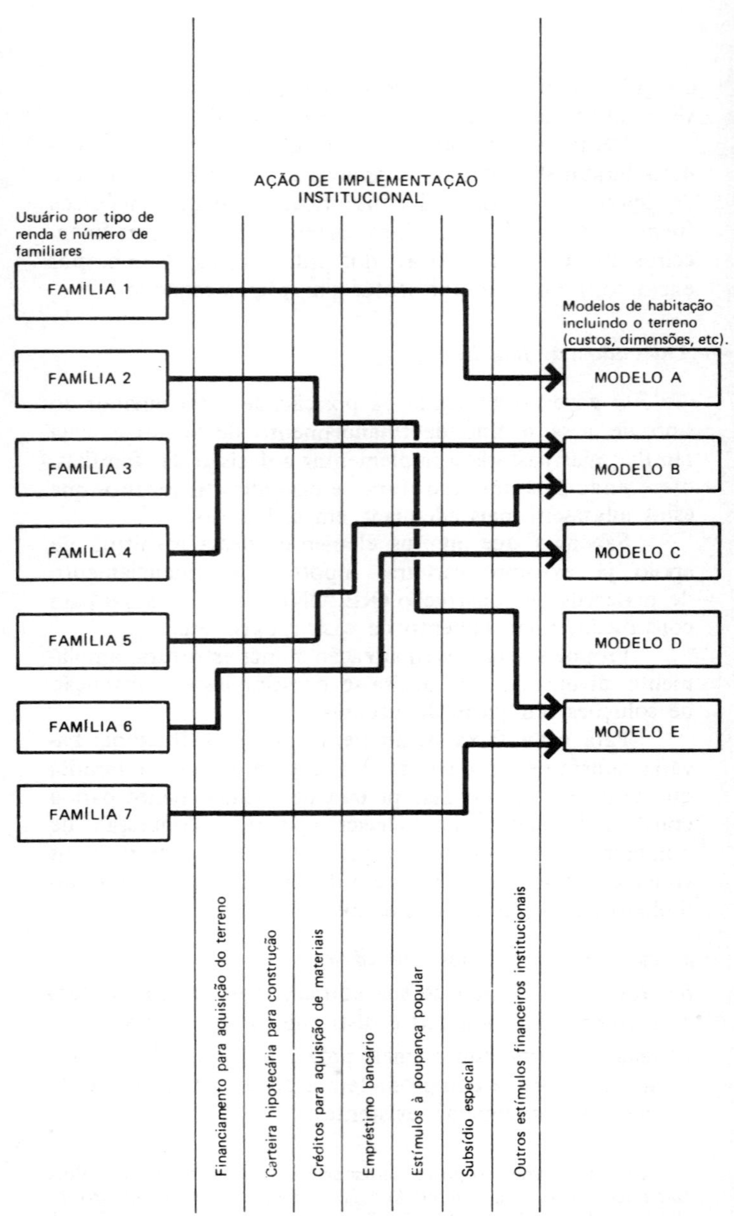

Estes elementos não seriam de obediência compulsória, mas poderiam aperfeiçoar os resultados e ajudar técnica e financeiramente os tomadores de empréstimos.

Alguns resultados previsíveis deste enfoque seriam: *a*) maior adequação a problemas individuais; *b*) maior satisfação e vontade de realizar; *c*) a ocupação dos interstícios urbanos ainda vazios; estes já resultam caros para conjuntos habitacionais que pretendem ser baratos, mas podem ser ocupados por famílias que já são proprietárias desses terrenos ou que dão, com razão, grande importância a uma localização mais próxima de serviços e empregos, estando dispostos a sacrifícios maiores desde que alcancem condição básica da proximidade.

Existe, aliás, atualmente, um esforço do BNH de preencher estes vazios urbanos: os projetos CURA[7], financiamento destinado às Prefeituras, para induzir esta ocupação, otimizando investimentos em infra-estrutura que por lá passam.

Não cremos que tal política habitacional possa dispensar outras iniciativas governamentais. O financiamento de conjuntos habitacionais, a venda de lotes urbanizados pelo setor público, o eventual início de núcleos satélites (não dormitórios e sim de uso múltiplo), o financiamento de infra-estruturas, planejamentos urbanos e pesquisas e o franco subsídio parcial, para famílias sem rendas suficientes, são todas linhas de ataque ao problema habitacional.

No entanto, o aspecto substantivo, nos parece, deva ser a mudança de atitude: da prepotência tecnocrática à busca de uma maior participação do usuário no sistema que se pretende montar[8].

(7) CURA – Comunidade Urbana para Recuperação Acelerado.

(8) Para um exemplo de encaminhamento do problema habitacional nos moldes acima, sugiro ver "Plano Habitacional do Estado de S. Paulo", outubro 1975, SEPLAN.

7. QUALIDADE DE VIDA

"Importa menos a quantidade de nossos bens, do que a qualidade de nossas vidas."

J. K. GALBRAITH

A mitificação de palavras e expressões é, nos dias de hoje, extremamente rápida e comum. Seja pela rapidez e eficiência da divulgação da comunicação de massa, seja pela aparente necessidade que o homem tem de crer magicamente em algo. Crer para não pensar. É certamente mais cômodo e seguro utilizar um repositório de crenças bastante sedimentadas e compartidas com muita gente do que empreender o angustiante caminho da descoberta do conhecimento.

Salvação ou tabu

"Qualidade de Vida" é uma das expressões mágicas que, junto à palavra "poluição", abre caminho em qualquer salão intelectual ou antecâmara de governo. De forma semelhante há, face a este tema, posições extremas e polarizadas: para alguns trata-se de "salvação mágica", enquanto para outros é "tabu criado por país rico".

É preciso reconhecer a relação existente entre qualidade de vida e a quantidade de recursos financeiros. Não se pode pensar em qualidade antes de resolver problemas básicos de sobrevivência. Mas, por outro lado, não se pode deixar de meditar no estímulo e poder de indução representado pela vontade de melhorar as condições de conforto e satisfação psicológica e física, individual e familiar.

Esta vontade é difícil de ser contabilizada; não é um dado diretamente econômico. Talvez por isso continue a não comparecer em contas, planos e resoluções. No entanto, é ela freqüentemente o fator decisivo em importantes decisões individuais tais como: compra de uma casa, mudança de bairro, mobilidade de emprego, escolha de consumo, aumento de renda etc.

Contudo, somando-se os resultados dos infinitos subsistemas mediante os quais os indivíduos perseguem um gradativo e incessante aumento no índice de qualidade de sua vida, obter-se-iam resultados econômicos surpreendentes.

Valeria, por isso, a pena investigar qual o mecanismo e quais os fatores que constituem a qualidade de vida e verificar quais são os fatores que poderiam ser considerados básicos, isto é, necessários à superação do mero estágio de sobrevivência.

C. Deak

O presente capítulo reproduz na essência um exercício elaborado pelo autor em colaboração com Csaba Deak. Um exercício que permitiu pensar, propor conceitos de fatores de qualidade de vida e tentar uma quantificação por ponderação relativa.

Em 1970, o estudo tinha também um objetivo prático: fornecer à COHAB um meio de cotejar estimativas de custos entre unidades habitacionais, sempre maximizando os fatores de qualidade de vida. A presente publicação revista permite apresentar uma discussão sobre os aspectos substantivos da qualidade de vida.

Definição

Definimos aqui qualidade de vida (QV) como a sensação de bem-estar do indivíduo. Esta sensação depende de fatores objetivos e externos, assim como de fatores subjetivos e internos. O ambiente pode influir sobre ambas categorias de fatores, mas com eficiência e em momentos diversos. Por outro lado, há fatores que independem do ambiente circundante, pois se relacionam seja com estruturas psicológicas em seus aspectos mais profundos, seja com condiconamentos econômicos básicos.

A distinção feita no quadro seguinte, entre bem-estar físico e fisiológico de um lado e bem-estar sociopsicológico de outro, é meramente didática; assim como é difícil isolar no indivíduo os aspectos somáticos dos aspectos psicológicos, também é difícil considerar isoladamente aquelas categorias de bem-estar. O quadro de fatores de QV que propomos na página seguinte evidencia tais relacionamentos e servirá de guia para as observações e definições pertinentes.

Teceremos, a seguir, algumas considerações sobre os diversos fatores de QV inseridos no mencionado quadro.

Direitos mínimos

Distinguimos, em primeiro lugar, o setor dos *fatores mínimos e determinantes*; trata-se de condições básicas de QV e a partir de cujo atendimento se estabelece a *região de oportunidades* do indivíduo. São a tal ponto básicas que não as consideramos como mera demanda a atender e sim como *direitos mínimos* do cidadão. Os fatores mínimos caracterizam culturas e estágios de desenvolvimento; sua constante alteração constitui um movimento de transação que deslocará todos os demais fatores, alterando também a região de oportunidades do indivíduo.

Inserem-se neste conjunto de direitos mínimos a *alimentação* de subsistência, cuja carência em idade de gestação e em idade infantil poderá impedir ou prejudicar definitivamente a possibilidade de obter uma elevação de QV. De forma semelhante, mormente nos primeiros anos de vida, seqüelas de doenças descuidadas podem incapacitar física e mentalmente o indivíduo e cerrar as portas para qualquer obtenção dos demais fatores de QV. O cuidado com a saúde mental (incluindo os fatores emocionais)

QUALIDADE DE VIDA (QV) E BEM-ESTAR

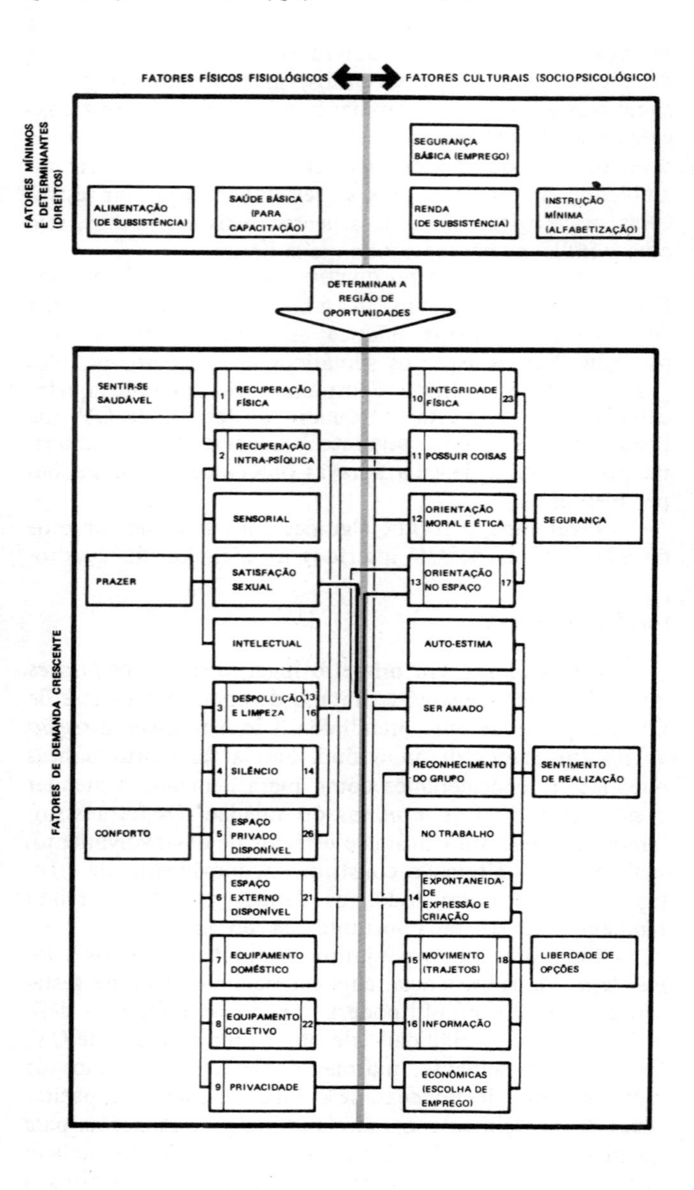

poderá capacitar ou incapacitar a criança ao próprio aprendizado, sendo hoje um dos responsáveis pela evasão e fracasso escolares.

O terceiro fator determinante é a *segurança básica*, entendida neste estudo como a garantia de um emprego; este é básico por permitir um grau mínimo de subsistência (aspecto econômico); mas também é importante por conferir ao indivíduo adulto um grau mínimo de reconhecimento social, um papel a desempenhar na sociedade.

Este fator liga-se, naturalmente, ao seguinte: o da *renda de subsistência*, aquela retribuição mínima que permita algum grau de QV.

Acrescentamos aos fatores determinantes ou direitos do cidadão o grau mínimo de *instrução*: a alfabetização. Sua inexistência corresponde a incapacitar seriamente o desenvolvimento de qualquer QV por inibir potencialidades.

Região de oportunidades

Os fatores básicos ou direitos mínimos a uma QV, acima expostos, determinam fortemente as faixas de renda e o *status* social a serem percorridos pelo indivíduo durante sua vida. Eles são qualificáveis em cada situação. Este percurso dependerá de outros fatores, alguns externos (movimentos sociais, etc.) e outros internos (estrutura psicológica, talento). Mas sua carência ou inibição prejudicará sensivelmente a possibilidade de obter os fatores de bem-estar que constituem a demanda crescente.

No modelo social de nossa sociedade, com estratificações tênues e mobilidade considerável, a *região de oportunidades* do indivíduo poderia vir a ser bastante ampliada se os fatores básicos forem considerados realmente como direitos inalienáveis, de responsabilidade de toda a sociedade e, evidentemente, do governo.

O segundo setor de fatores de QV assinalado no quadro é constituído pelos fatores considerados como *demandas*. Assume-se que estas demandas sejam crescentes em função da afluência econômica, assim como em conseqüência da comunicação de massa a serviço de um padrão econômico que estimula o consumo.

Fatores de QV

O crescimento da demanda implica aumento quantitativo e sofisticação qualitativa; mas seria mais correto entendê-la também como alterações na preferência; o grau de demanda pode alterar-se de um fator para outro em função do grupo social a que pertença o indivíduo ou, através do tempo, em função da mudança de padrões. Em ambos os casos trata-se de resultados de padrões culturais, hábitos e situações padronizadas, sofrendo todas as injunções típicas das alterações desses padrões.

Examinemos, então, um a um estes fatores de qualidade de vida.

Sentir-se saudável nem sempre significa um balanço clínico objetivo; trata-se mais de um fator subjetivo de QV evidenciando a disposição física do indivíduo, seu preparo para enfrentar tarefas. Para garantir essa QV é necessário que haja condições para a recuperação física (esportes, repouso, cuidados médicos, interrupção de atividades motoras desgastantes), assim como condições para a recuperação intrapsíquica (recolhimento, silêncio, apreensão e digestão de informações, diálogo para facilitar a apreensão da realidade no cipoal de informações recebidas, reordenação individual de múltiplas idéias, a fim de estabelecer um quadro coerente, consistente e compreensível da realidade).

A recuperação física tem relação com outro fator de QV: a possibilidade ou proteção contra agressões físicas (assaltos, perseguição); por outro lado, a recuperação intrapsíquica tem relação com a orientação moral e ética do indivíduo (o que é certo, o que é errado?) e com a possibilidade ou inibição de se expressar, como desafogo de situações alienantes no trabalho. Através da interação da recuperação intrapsíquica com a orientação do indivíduo configura-se a identidade do indivíduo.

O prazer

Como qualidade de vida, a satisfação do *prazer* é uma importante sensação de bem-estar. Este prazer é constituído pela satisfação sensorial (perfume agradável, música, paisagem bonita etc.) que resulta, em boa parte, da ambientação para a recuperação física e intrapsíquica cotidiana ou periódica. É também constituído pela satisfação sexual que assume aspectos diversos em função da idade e padrões culturais do indivíduo. Este fator de QV relaciona-se, também, com o sentimento de realização pessoal através da sensação de ser amado, assim como com a codificação de orientação moral e ética que caracteriza seu padrão cultural; depende ainda da estrutura psicológica do indivíduo, como fator determinante.

Conforto

O bem-estar físico é, em grande parte, representado pelo fator *conforto*. É ele constituído, em primeiro lugar, pela relação homeostática do indivíduo com o ambiente; são, por isso, índices de QV o grau de pureza do ar e da água, ou melhor: o grau de "despoluição" existente. Não repetiremos aqui os múltiplos argumentos em defesa da preservação de um ecossistema posto em crescente desequilíbrio pela exaustão de produção industrial, exaustão de motores a explosão, dejetos não consumidos pela terra (alumínio, plásticos etc.), materiais que matam vida orgânica (já citados em outro capítulo).

Para o conforto do cidadão, a despoluição é fator imprescindível e se associa ao índice de limpeza; o grau de limpeza dos logradouros públicos confere uma QV que se associa à noção de ordem e serenidade na paisagem circundante. O que nos permite, aliás, falar em "paisagem poluída".

Silêncio

Ainda neste grupo de fatores, apontamos o fator *silêncio* de grande importância para a recuperação física (sono), para a recuperação intrapsíquica (recolhimento) e para o sentimento de privacidade. O sensível aumento de ruído urbano está ensurdecendo o homem já hoje com menor acuidade auditiva do que no passado; mas, além do gradativo ensurdecimento, o ruído é fator de tensão e óbvio desconforto.

A sensação de conforto implica certa disponibilidade de *espaço*. A sua quantificação é função de padrões culturais, assim como função do número de usuários e de sua idade. O espaço necessário é parcialmente familiar, isto é, contido dentro de sua habitação, e parcialmente coletivo, isto é, externo à habitação. Quanto ao familiar, há áreas mínimas que garantem o conforto em oposição à promiscuidade resultante da escassez de espaço; quanto ao espaço coletivo, há uma relação possível de determinar entre os usuários de um ambiente (de um conjunto habitacional) e o espaço disponível.

O grau de conforto será dado pela satisfação de necessidades em áreas livres, áreas verdes e dimensões mínimas de logradouros; esta satisfação não é meramente quantitativa (m^2/habitante); também é determinada pela qualidade da paisagem; enquanto esta é determinada pela variedade e adequação ao uso, existe uma qualidade do espaço da habitação que depende das proporções e adequação ao uso de cada peça. Em ambos os casos trata-se de fatores que resultam, por um lado, da qualidade do projeto e, por outro lado, da perfeição de sua execução.

Equipamento

O índice de conforto é também função do grau de atendimento em *equipamento*. Novamente distingue-se o equipamento familiar inerente à habitação e o equipamento externo, coletivo, pertencente ao conjunto habitacional. O primeiro grupo é formado por aparelho de televisão, móveis, eletrodomésticos, chuveiro elétrico, automóvel, rádio etc. Trata-se de bens que dependem da afluência econômica e do sentimento de "possuir coisas" fortemente contingenciado por padrões culturais. O valor dado a cada equipamento difere no tempo e por grupo social.

Quanto ao equipamento externo, é constituído pelos serviços coletivos oferecidos: pavimentação, redes de esgotos, água, luz e telefone; serviços de correio, transporte, coleta de lixo, entrega de jornal; escolas, clubes e comércio disponíveis. O conforto oferecido por este equipamento dependerá de sua acessibilidade, o que implica dizer: sua existência, sua adequação à disponibilidade financeira dos usuários e sua distância dentro de limites confortáveis.

A sensação de uma vida equipada é importante para o bem-estar do indivíduo em que pese o caráter mutável desta sensação, por causa da exacerbação de voracidade provocada pela comunicação de massa no contexto de uma sociedade de consumo. Uma pessoa pode sentir-se muito infeliz por não possuir um objeto supérfluo para o qual foi criada a condição de necessidade psicológica.

Privacidade

Finalmente, ainda como elemento do conforto, apontamos a *privacidade*; a práxis urbana se caracteriza pela dialética entre concentração e desconcentração, anonimato na massa e identificação individual, participação coletiva e individualização privada. Ambos os vértices são necessários e significativos. Assim, como é importante para o bem-estar sociopsicológico sentir o reconhecimento do grupo a que se pertence, é importante para o conforto individual o sentimento de privacidade. Esta QV associa-se ao espaço disponível e ao silêncio, sendo elemento positivo para recuperação intrapsíquica. A privacidade permite ao indivíduo de se recolher a um espaço; a privacidade familiar permite ter a sensação do "aqui" e do "acolá", de estabelecer um limite ao comprometimento coletivo, de fugir um pouco à coerção social da comunidade.

Segurança

O fator *segurança* determina um índice de QV dos mais variados; não se trata mais daquela segurança básica (direito ao emprego) que determinou a região de oportunidades do indivíduo. Trata-se agora, em primeiro lugar, da preservação da segurança *física* contra a agressão, assaltos e roubos; inúmeros estudos (mormente norte-americanos) tratam dos crescentes perigos da vida urbana[1]. Em nossas metrópoles o medo e insegurança tem motivado as reivindicações prioritárias dos cidadãos.

A possibilidade de vigilância coletiva, a segurança institucional, a ausência de tensões raciais, são todos atributos que, ao aumentar o sentimento de segurança, aumentam a QV em um conjunto habitacional ou em um bairro.

A esta segurança física soma-se, no entanto, aquela segurança econômica que psicologicamente é representada pela *posse de objetos*. Sabemos tratar-se de padrões cul-

(1) Cite-se em especial JANE JACOBS, *Death & Life of great American Cities.*

turais contingenciados por uma sociedade que estimula o consumo e a aquisição, mas deve-se também admitir que, além de conhecidas exceções apontadas pela antropologia cultural[2], a posse da casa, do cobertor, da mesa, da colher, do crucifixo etc., tem representado em diversas sociedades algum grau de segurança objetiva ou subjetiva.

A sensação de bem-estar por segurança é, também, dada pela *orientação moral e ética* do indivíduo, isto é, por saber "o que é certo e o que é errado". Há épocas e conjunturas sociais em que a codificação deste dado é rígida e aceita (seja o predomínio moral do código ético da Igreja medieval, seja a existência de fortes causas nacionais, como a consolidação do Estado de Israel). Mas há outras épocas e conjunturas em que a contestação de códigos estabelecidos confere grande insegurança ao indivíduo. Esta contestação é geralmente criadora e representa um germe de progresso; mas é inegável que, do ponto de vista da QV, se isolarmos o fator segurança, representa um elemento perturbador.

O desejo de segurança confere popularidade a todas as formas de redundância em que velhos códigos são confirmados e reconfirmados (por exemplo: os chavões patrióticos ou a estrutura da telenovela). Quando se configura a contradição entre novo e velho, pondo em choque a forma costumeira de garantir segurança, torna-se necessário substituir a inevitável insegurança por uma *confiança no futuro* coletivo e individual relacionando a vida do indivíduo a este futuro. Em outros termos: preparar o indivíduo à mudança.

Para garantir o bem-estar por segurança, é também necessário facilitar a *orientação visual* do indivíduo no espaço externo que utiliza. Nada mais desagregador do que a massificação de conjuntos ou setores urbanos, cuja monotonia e descaracterização impeça a identificação de pontos de referência. Esta orientação é fornecida pela disposição dos espaços, pelas arquiteturas variadas (em forma, volume, cor), pela ordem inerente a uma estrutura bem composta.

(2) Referimo-nos aos ritos de despojamento de propriedades denominados *potlatch*.

Um papel social

Outro índice de QV individual é fornecido a nível subjetivo pelo *sentimento de realização*; este sentimento pressupõe a existência de projetos prévios que o indivíduo procura alcançar. O processo de realizar esses projetos pode ser facilitado ou obstaculado tanto por condições internas como por condições externas ao indivíduo.

Neste grupo de fatores, o bem-estar é fornecido pelo índice de auto-estima, pela obtenção de *aprovação* e pelo *reconhecimento* do indivíduo por parte do grupo ao qual pertence ou no qual ele age (vive). Estes fatores de QV dependem mais de condições psicológicas do indivíduo do que das condições ambientais.

Já a satisfação de sentir-se realizado no *trabalho* dependerá do projeto individual, de componentes subjetivos, mas também da possibilidade que lhe é oferecida de realizar um trabalho não rotineiro, exigindo participação e criatividade. Também dependerá da existência de um ambiente físico propício para sua realização.

A liberdade

A liberdade de opções é importante fator de QV. Desde a expressão medieval "a cidade confere liberdade", até a motivação das migrações recentes, observa-se que o desejo de liberdade é identificado com a imagem da cidade e suas múltiplas opções. Salientamos, em primeiro lugar, a liberdade de *expressão*: física (corporal), formal (vestir-se e agir sem coação) e de opinião (dizer e escrever o que se pensa); a liberdade de criação está associada à liberdade de opinião, valorizada de forma diversa segundo grupos sociais, constituindo um dos principais sentimentos de bem-estar (além da sua óbvia importância para o desenvolvimento cultural do país).

Esta liberdade de expressão abrange a *espontaneidade*, isto é, a possibilidade de uma ação sem projeto ou uma expressão livre de restrições externas. A liberdade de *movimento* é revelada pela possibilidade de optar por meios e caminhos diversos, evitando trajetos limitados e obrigatórios, portanto monótonos e rotineiros; e pela acessibilidade: o movimento no conjunto habitacional ou na cidade é livre quando há diversas vias e meios de comunicação disponíveis (inclusive economicamente).

A liberdade de *informação* é uma QV importante para o desenvolvimento do indivíduo, pois a informação constitui o combustível do conhecimento. Dela dependem avanço cultural, conhecimento de possibilidades, mudanças de emprego, melhor uso dos equipamentos disponíveis e aumento das fronteiras da região de oportunidades do indivíduo. A liberdade de opções em informação permite aumentar a QV mesmo quando o alargamento de opções e decisões decorrentes venha a diminuir o sentimento de segurança. Como já vimos, o bem-estar, a nível de segurança, pode estar em contradição conjuntural com o bem-estar, a nível da liberdade de opções e de informação.

Finalmente, a liberdade de opções *econômicas* implica principalmente a escolha de emprego; a existência de uma só fonte de emprego na cidade diminui obviamente a QV do indivíduo, eliminando sua força de barganha no embate salarial e diminuindo sua segurança básica.

Como medir QV

Examinados os elementos substantivos de qualidade de vida, tanto os básicos e determinantes como as demandas e anseios mais típicos, descreveremos a seguir quais as pertinências com os objetivos do estudo realizado em 1970 e quais as formas de se medir a QV, adotando índices que permitam quantificar essas qualidades.

Tentou-se dimensionar a QV verificando sua variação em função da densidade e outros fatores objetivando otimizar a vida em conjuntos urbanos. Procedeu-se a algumas simplificações. Dispensaram-se aqueles fatores sobre os quais não havia possibilidade de ação direta por parte da COHAB; a saber: satisfação sexual, auto-estima, aprovação e amor e reconhecimento pelo grupo e no trabalho.

Os cinco fatores mínimos e determinantes não foram considerados variáveis neste trabalho, uma vez que os consideramos direitos do cidadão para a obtenção de um grau mínimo de bem-estar. Receberam, contudo, um valor sendo que este poderá ser alterado em função de situações ou posições políticas.

Dois casos

Para dimensionar os demais fatores (demandas) apresentaram-se duas hipóteses: a análise de um caso *já existente* ou a programação de um *caso novo*. Na primeira hipótese, podia-se obter, por meio de uma pesquisa de campo, os índices de ponderação (Ip) de cada fator, isto é, o grau de importância atribuído em média pela população a cada fator. O efetivo índice de atendimento de cada fator (F), no caso considerado, poderia ter sido avaliado seja por pesquisa direta, seja pelo analista. Se Ip receber valores entre 0 e 10 e (F) receber valores entre 0 e 10, a QV será, assim, obtida pela fórmula:

$$QV = \log (F14)^{7,0} (F15)^{6,8} (F19)^{9,4} (F22)^{8,5} (F23)^{20,0} (F24) (7,5F16 + 7,3F17 + 8,0F18 + 8,0F20 + 7,6F21)^{K1}$$

A segunda hipótese, programação de um *caso novo*, foi considerada mais ampla e pertinente ao escopo do trabalho. Propusemos para tal um rol de índice (Ip) que já assumia a importância relativa de cada fator. A adoção desses índices foi empírica e baseou-se em dois testes limitados e entrevistas com pessoas que conhecem os conjuntos habitacionais já realizados pela COHAB-SP. O seu valor, no entanto, deveria ser verificado mediante adequada pesquisa em amostra da faixa de renda em questão; interessaria, inclusive, estender tal pesquisa a outros grupos sociais, abaixo e acima da faixa atendida pela COHAB.

Índices de QV

Para poder realizar alguma quantificação tentou-se, de forma empírica, estabelecer alguns índices mínimos de Qualidade de Vida.

Os fatores abaixo podem, por outro lado, ser traduzidos em termos de custos e outros parâmetros, permitindo objetivar, para cada caso, o que o planejador propõe como QV. Propomos, abaixo, os valores equivalentes à *QV mínima*. Estes valores representam uma tentativa inicial a ser forçosamente revista em função de pesquisas a nível tecnológico; mesmo após esta aferição, contudo, deve-se considerar serem os índices *mínimos* e *variáveis*.

3 – para *despoluição*: inexistência de emanações incômodas permanentes ou periódicas, sensíveis ao olfato e vista;

4 – para *limpeza*: coleta de lixo em dias alternados;

5 – para *silêncio*: até 80 db de dia e até 40 db à noite;

6 – para *espaço interno*: 8 m^2 por pessoa;

7 – para *espaço externo privado*: 5 m^2 por pessoa;

8 – *equipamento doméstico*: uma cama para cada membro da família, mesa, armário e cadeiras, rádio ou aparelho de TV;

9 – *equipamento coletivo*:

	m^2/pessoa
– comércio local	0,312
– parque infantil integrado	0,100
– centro educacional (primário e secundário 1º ciclo)	0,456
– centro técnico de nível médio	0,164
– centro de convivência	0,100
– igrejas	0,090
– sociedade (comunitária)	0,090
– posto de saúde	0,020
– recreação descoberta	13,200
– posto policial	0,005
– serviço administrativo	0,003
– posto serviço, correio, telégrafo, telefone	0,010
– ponto de embarque	0,003;

10 – *privacidade*: até 2 pessoas por quarto;

11 – *segurança física*: condições para vigilância coletiva; inexistência de preconceitos raciais;

12 – *orientação moral e ética*: sociedade amigos de bairro ou outra entidade comunitária;

13 – *orientação no espaço*: existência de referências espaciais (paisagísticas ou arquitetônicas, comunicação visual);

14 – *liberdade de expressão*: jornal mural ou local de reuniões; garantias constitucionais;

15 – *possuir coisas*: possuir a casa;

16 – *liberdade de movimento*: diversificação de trajetos;

17 – *liberdade de informação*: jornal mural e banca de jornal.

A lista acima é abrangente e parcialmente repetitiva, para melhor explicação de uma abordagem inicial.

Simplificação

Passou-se, então, a outra série de simplificações que permitissem uma quantificação consistente. Assim, tendo em vista o objetivo parcial de determinar qual a influência dos fatores condicionantes sobre os fatores componentes da QV, foi necessário que duas condições fossem satisfeitas:

1. que só fossem considerados fatores de QV os influenciados pelo menos por um fator condicionante;
2. que não houvesse redundância entre os fatores de QV.

Para satisfazer estas condições, eliminamos alguns dos fatores de QV acima, mencionando as respectivas justificativas. Foram assim eliminados:

– o fator 8: *equipamento doméstico*, por não pertencer à alçada da COHAB;
– o fator 10: *privacidade*, por sua satisfação só depender da satisfação do fator 6 (espaço interno) e do projeto; como este será sempre considerado otimizado no presente estudo, o fator em questão é redundante com o fator 6;
– o fator 12: *orientação moral e ética*, por estar incluído no fator 9 (que inclui sociedade amigos do conjunto);
– o fator 14: *liberdade de expressão*, por estar parcialmente incluído no fator 9 (que inclui centro de convivência, que é um local de reuniões), e estar parcialmente fora do alcance da COHAB (garantias constitucionais);
– o fator 15: *possuir coisas*, por ser redundante, pois "ter casa" faz parte da existência do problema em análise e não requer quantificação;
– o fator 17: *liberdade de informação*, por estar fora da alçada da COHAB.

A tabela da página seguinte resume os fatores de QV remanescentes, seu valor mínimo aceitável e o índice correspondente, assim como o coeficiente de ponderação que exprime sua importância relativa. Na tabela conservamos o número antigo dos fatores, sendo que a numeração definida seria estabelecida mais tarde, na *matriz de pertinências*.

Vale mencionar desde já que, na matriz de pertinencia, o fator 4 (limpeza) figurará sob o nome de higiene (manutenção), o fator 7: *espaço externo*, sob o nome de *espaço privado externo*, o fator 13: *orientação no espaço*, sob o nome de *orientação visual*, e o fator 16: *liberdade de movimento*, sob o nome de *opções de trajeto*. Ainda, o fator 9: *equipamento coletivo* será desdobrado em dois outros: *equipamento coletivo* (sem incluir as áreas ocupadas pelos próprios) e *espaço externo*. Finalmente, incluir-se-á mais um fator de QV, *integração urbana*, que não depende das características internas dos conjuntos, mas sim de sua localização.

Fatores econômicos

Passou-se então a considerar, para o problema em pauta, quais os fatores condicionantes dos fatores de QV. Não mais aqueles fatores que geram a região de oportunidades e sim os fatores *econômicos* que definem um determinado empreendimento habitacional.

Observe-se que se, como no exemplo em pauta, existir um objetivo prefixado, a saber: maximizar a rentabilidade de um certo investimento em função da QV resultante ou ou minimizar o custo de uma certa QV fixada como mímina, deixaremos de considerar os fatores condicionantes que não implicarem variação de custo. Tais fatores dependem essencialmente da qualidade do projeto, o qual, por hipótese, será sempre considerado *ótimo*.

Ainda, o custo da infra-estrutura, que depende da densidade, da topografia e do tamanho absoluto do conjunto, obviamente depende ainda, para cada terno de fatores condicionantes dado, da solução técnica adotada; esta solução técnica, que por sua vez depende do projeto, foi igualmente considerada "ótima" para efeito do presente exercício.

Diga-se de passagem que as observações acima ressaltam a importância da qualidade do projeto dos conjuntos habitacionais, apesar deste não figurar entre os fatores

Tabela-resumo dos valores mínimos de QV e seu coeficiente de ponderação

FATOR DE QV	NÚMERO ORIGINAL	NÚMERO DEFINIDO NA MATRIZ PERTINÊNCIA	MÍNIMO		COEFICIENTE DE PONDERAÇÃO		
			VALOR PRÓPRIO	ÍNDICE	1*	2*	3*
DESPOLUIÇÃO	3	F_{15}	AUSÊNCIA DE EMANAÇÕES NO AR, DE PUTREFAÇÃO OU DE DETRITOS INDUSTRIAIS, SENSÍVEIS AO OLFATO E/OU VISTA HUMANOS.	4	6,8	6,8	6,8
LIMPEZA	4	F_{16}	COLETA DE LIXO DE 2 EM 2 DIAS	4	7,5	6,0	5,0
SILÊNCIO	5	F_{14}	$N_r < 78$ dB	4	7,0	6,0	6,0
ESPAÇO INTERNO	6	F_{19}	8 m^2/hab	4	9,4	9,4	9,4
ESPAÇO EXTERNO	7	F_{20}	5 m^2/hab	4	8,0	8,0	8,0
EQUIPAMENTO COLETIVO	9	F_{21} + + F_{22}	CF. TEXTO, § 4.2	4	17,0	15,0	12,0
SEGURANÇA FÍSICA	11	F_{23}	CONDIÇÕES P/ VIGILÂNCIA COLETIVA, AUSÊNCIA DE PRECONCEITOS RACIAIS, OU ATENDIMENTO EM POLICIAMENTO.	4	8,5	8,5	8,5
ORIENTAÇÃO NO ESPAÇO	13	F_{17}	EXISTÊNCIA DE REFERÊNCIAS ESPACIAIS	4	7,3	6,0	4,0
LIBERDADE DE MOVIMENTO	16	F_{18}	OPÇÕES DE TRAJETO	4	8,0	6,0	4,0

* 1: PARA $50\,000 < N_t$
2: PARA $5\,000 < N_t < 50\,000$
3: PARA $500 < N_t < 5\,000$, CONFORME AINDA § 6.3

condicionantes ou econômicos aqui considerados como variáveis. A qualidade ótima do projeto é, com efeito, uma condição necessária para que a otimização dos fatores condicionantes resulte efetivamente na maximização da QV.

Matriz de pertinências

Organizando os fatores condicionantes e os fatores de QV numa matriz quadrada, obtemos a *matriz de pertinências,* cujo nome provém do fato de conter os fatores e relações pertinentes ao problema considerado.

Na matriz está assinalada com um ponto (i, j) a existência de uma relação entre os fatores Fi e Fj. Cada relação (i, j) é uma função $f(i, j)$. Chamaremos

Matriz de pertinências: interação dos fatores condicionantes e de qualidade de vida.

CLASSIFICAÇÃO DOS FATORES	FATORES	NÚMERO DOS FATORES	FATORES CONDICIONANTES													FATORES DE QV											
			DENSIDADE	CUSTO INFRA ESTRUTURA/HAB.	CUSTO TERRA/HAB.	LOCALIZAÇÃO	TOPOGRAFIA	CUSTO DOMICÍLIO/M²	ÁREA DOMICÍLIO/HAB.	ÁREA TERRENO PRIVADO/HAB.	ÁREA DE SERVIÇO	ÁREA LIVRE/HAB.	CUSTO EQUIPAMENTO COLETIVO/HAB.	TIPO HABITAÇÃO	POPULAÇÃO TOTAL DO CONJ. HAB.	SILÊNCIO	DESPOLUIÇÃO	HIGIENE (MANUTENÇÃO)	ORIENTAÇÃO VISUAL	OPÇÕES TRAJETO	ESPAÇO INTERNO	ESPAÇO PRIVADO EXTERNO	ESPAÇO EXTERNO	EQUIPAMENTO COLETIVO	SEGURANÇA FÍSICA	INTEGRAÇÃO URBANA
	NÚMERO DOS FATORES		1	2	3	4	5	6	7	8	9	10	11	12	13	14	15	16	17	18	19	20	21	22	23	24
FATORES CONDICIONANTES	DENSIDADE	1		●	●	●							●			●	●								●	
	CUSTO INFRA ESTRUTURA/HAB.	2	●				●								●											
	CUSTO TERRA/HAB.	3	●			●	●																			
	LOCALIZAÇÃO	4	●		●											●	●	●								●
	TOPOGRAFIA	5		●	●														●	●						
	CUSTO DOMICÍLIO/M²	6													●											
	ÁREA DOMICÍLIO/HAB.	7																			●					
	ÁREA TERRENO PRIVADO/HAB.	8									●	●		●								●				
	ÁREA DE SERVIÇO	9								●				●								●				
	ÁREA LIVRE/HAB.	10								●				●									●			
	CUSTO EQUIPAMENTO COLETIVO/HAB.	11	●												●				●					●		
	TIPO HABITAÇÃO	12								●	●	●									●					
	POPULAÇÃO TOTAL DO CONJ. HAB.	13		●				●					●													
FATORES DE QV	SILÊNCIO	14	●			●																				
	DESPOLUIÇÃO	15	●			●																				
	HIGIENE (MANUTENÇÃO)	16				●																				
	ORIENTAÇÃO VISUAL	17					●						●													
	OPÇÕES TRAJETO	18					●																			
	ESPAÇO INTERNO	19							●					●												
	ESPAÇO PRIVADO EXTERNO	20								●	●															
	ESPAÇO EXTERNO	21										●														
	EQUIPAMENTO COLETIVO	22											●													
	SEGURANÇA FÍSICA	23	●																							
	INTEGRAÇÃO URBANA	24				●																				

de funções diretas as funções assinaladas na matriz. As funções diretas são quantificáveis, portanto, definíveis. Definidas as funções diretas, ficam implicitamente definidas todas as funções.

Em particular, fica definida a influência conjunta dos fatores condicionantes $F_1 \ldots F_{13}$ sobre os fatores de QV $F_{14} \ldots F_{24}$ e a análise permite achar o conjunto ou os conjuntos de fatores condicionantes que maximize QV, *definida como a soma ponderada dos fatores de QV*.

Estabelecidas as funções da matriz de pertinência, foi possível analisar isoladamente cada função direta, a fim de dar um tratamento matemático operativo a cada relação entre fatores.

Simbologia

A simbologia utilizada nas linhas abaixo consta do quadro de referência intitulado "simbologia". Assim, os fatores de qualidade de vida (14 a 24) são representados através de seus índices pela letra *i* seguida das iniciais do fator correspondente; os fatores condicionantes relativos a custos (2, 3, 6, 11) são representados pela letra *P* ou *p* seguida das iniciais do elemento a que se referem quando são correspondentes, respectivamente, a custo *total* para o conjunto habitacional ou custo *por habitante*; analogamente, os fatores relacionados às áreas (1, 8, 9, 10) são representados por *S* ou *s*; os fatores 4 e 5 são representados através de seus índices por *i* acompanhado das iniciais *to* e *lo*, significando topografia e localização; o fator 12 é representado por *np* (número de pavimento), densidade por *d* e população total do conjunto por *N*, conforme quadro "Simbologia".

Funções diretas

As funções diretas que passaremos a analisar além de possibilitar sua quantificação e manipulação descrevem a relação existente entre dois fatores de QV interagentes.

QV: Soma final dos fatores

Nº	FATOR	ÍNDICE	COEFICIENTE DE PONDERAÇÃO			CARÁTER ELIMINATÓRIO	DEPENDE DOS FATORES CONDICIONANTES
			$N \geq 50\,000$	$5\,000 \leq N < 50\,000$	$500 \leq N < 5\,000$		
14	Silêncio	F14	7,0	6,0	6,0	Sim	Densidade Localização
15	Despoluição	F15	6,8	6,8	6,8	Sim	Densidade Localização
16	Higiene (manutenção)	F16	7,5	6,0	5,0	Não	Localização População total
17	Orientação visual	F17	7,3	6,0	4,0	Não	Topografia Custo equipamento coletivo
18	Opções de trajeto	F18	8,0	6,0	4,0	Não	Topografia
19	Espaço interno	F19	9,4	9,4	9,4	Sim	Área domicílio/hab. Tipo de habitação
20	Espaço privado externo	F20	8,0	8,0	8,0	Não	Área terreno Área serviço
21	Espaço externo	F21	7,6	7,0	6,0	Não	Área livre/hab.

Nº	FATOR	ÍNDICE	COEFICIENTE DE PONDERAÇÃO			CARÁTER ELIMINA-TÓRIO	DEPENDE DOS FATORES CONDICIONANTES
			N ⩾ 50 000	5 000 ⩽ N < 50 000	500 ⩽ N < 5 000		
22	Equipamento coletivo	F22	9,4	8,0	6,0	Sim	Custo equipamento coletivo
23	Segurança física	F23	8,5	8,5	8,5	Sim	Densidade. Localização. Tipo de Hab. Pop. total
24	Integração urbana	F24	20,0	30,0	40,0	Sim	Localização

$$\overline{QV} = (F_{14}^{7,0})\,(F_{15}^{6,8})\,(F_{19}^{9,4})\,(F_{22}^{9,4})\,(F_{23}^{8,5})\,(F_{24}^{20,0})\,(7{,}5F_{16} + 7{,}3F_{17} + 8{,}0F_{18} + 8{,}0F_{20} + 7{,}6F_{21})^{k_1}$$

$QV = \log \overline{QV}$

se $k_1 = 15$:

para $F_1 = 10\ (i = 14, 15, \ldots, 24)$, $QV_{10} = 61{,}1 + 2{,}59K = 100{,}0$

para $F_1 = 4\ (i = 14, 15, \ldots, 24)$, $QV_4 = 36{,}7 + 2{,}19K = 69{,}5$

para $F_1 = 1\ (i = 14, 15, \ldots, 24)$, $QV_1 = 1{,}59K = 23{,}8$

K_1 = constante que depende da importância relativa dos fatores de QV.

SIMBOLOGIA

Nº	Fator	Símbolo	Expressão	Unidade	Elementos pertinentes
1	Densidade	d	$\frac{N}{S}$	Habitante/ho	S = Área total terreno
2	Custo infra-estrutura	P_i		Cr$	
	Custo infra-estrutura/hab.	p_i	$p_i = \frac{P_i}{N}$	Cr$/habitante	
3	Custo terra	P_t	$P_t = KS$	Cr$	K = Custo por unidade de área no local considerado
	Custo terra/hab.	p_t	$p_t = \frac{P_t}{N}$	Cr$/habitante	
4	Localização	i_{lo}	Conforme critérios de localização	Índice: $0 \leq i_{lo} \leq 10$	
5	Topografia	i_{to}	Conforme critérios de localização	Índice: $0 \leq i_{to} \leq 10$	
6	Custo domicílio	P_{do}	$P_{do} = A\, S_{cte}$	Cr$	A = Custo por unidade de área construída
	Custo domicílio/hab.	p_{do}	$p_{do} = \frac{P_{do}}{N}$	Cr$/habitante	
7	Área domicílio	S_{do}	$S_{do} = S_{cte}$	m^2	
	Área domicílio/hab.	s_{do}	$s_{do} = \frac{S_{do}}{N}$	m^2/habitante	

Nº	Fator	Símbolo	Expressão	Unidade	Elementos pertinentes
8	Área terreno	S_{te}	$S_{te} = S_{lo} - S_p \rightarrow (UF)$ $S_{te} \leqslant 2S_p \rightarrow (COL)$	m^2	S_{lo} = Área dos lotes Sp = Área de projeção UF = Habitação unifamiliar COL = Habitação coletiva
	Área terreno/hab.	s_{te}	$s_{te} = \frac{S_t}{N}$	m^2/habitante	
9	Área serviço	S_s	S_s	m^2	
	Área serviço/hab.	s_s	$s_s = \frac{S_s}{N}$	m^2/habitante	
10	Área livre	S_l	$S_l = S_u - S_{lo}$	m^2	S_u = Área útil $S_u = S - S_{circ}$ S_{circ} = Área circulação
	Área livre/hab.	s_l	$s_l = \frac{S_l}{N}$	m^2/habitante	
11	Custo equipamento coletivo	P_{ec}	$P_{ec} = B\, S_{cec}$	Cr$	B = Custo por unidade de área construída de equipamento coletivo S_{cec} = Área construída de equipamento coletivo
	Custo equipamento coletivo/hab.	p_{ec}	$p_{ec} = \frac{P_{ec}}{N}$	Cr$/habitante	
12	Tipo de habitação	n_p	$n_p = \frac{S_{cte}}{S_p}$	Nº de pavimentos	
13	População total do conj. hab.	N	$N = d_S$	Habitantes	

SIMBOLOGIA (cont.)

Nº	Fator	Símbolo	Expressão	Unidade	Elementos pertinentes
14	Silêncio	i_{si}	$si = 10\left(1 - \frac{R}{130}\right)$	Índice: $0 \leqslant i_{si} \leqslant 10$	R = Nível de ruído dado em decibéls
15	Despoluição	i_{dp}	$i_{dp} = 10 - i_{po}$	Índice: $0 \leqslant i_{dp} \leqslant 10$	i_{po} = Índice de poluição
16	Higiene (manutenção)	i_{hm}		Índice: $0 \leqslant i_{hm} \leqslant 10$	
17	Orientação visual	i_{ov}		Índice: $0 \leqslant i_{ov} \leqslant 10$	
18	Opções de trajeto	i_{ot}		Índice: $0 \leqslant i_{ot} \leqslant 10$	
19	Espaço interno	i_{ei}		Índice: $0 \leqslant i_{ei} \leqslant 10$	
20	Espaço privado externo	i_{epe}		Índice: $0 \leqslant i_{epe} \leqslant 10$	
21	Espaço externo	i_{ee}		Índice: $0 \leqslant i_{ee} \leqslant 10$	
22	Equipamento coletivo	i_{ec}		Índice: $0 \leqslant i_{ec} \leqslant 10$	
23	Segurança física	i_{sf}		Índice: $0 \leqslant i_{sf} \leqslant 10$	
24	Integração urbana	i_{iu}		Índice: $0 \leqslant i_{iu} \leqslant 10$	

f (1, 2) densidade (d) – custo infra-estrutura/hab. (p_i)

$$p_i = \frac{P_i}{N}$$

$$N = dS$$

$$pi = \frac{1}{d} \cdot \frac{P_i}{S}$$

P_i = custo infra-estrutura

N = pop. total do conj. hab.

S = área total do conjunto

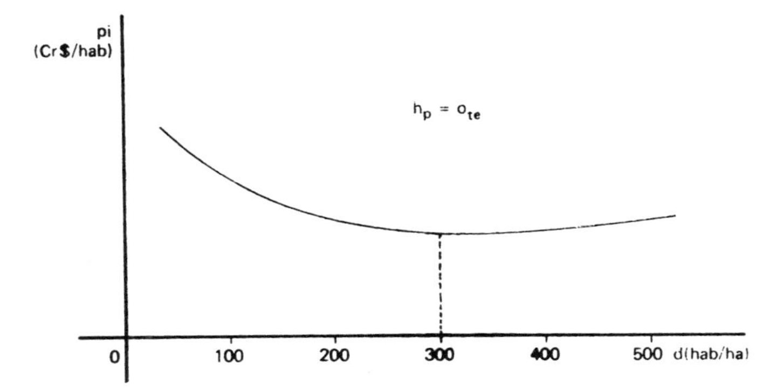

f (1, 3) densidade (d) – custo terra/hab. (p_t)

para uma zona dada:

$$p_t = \frac{P_t}{N}$$

$$P_t = K \cdot S$$

$$S = \frac{N}{d}$$

$$P_t = \frac{K \cdot N}{d}$$

$$P_t = \frac{1}{d} \cdot KN$$

ou

$$\frac{P_t}{N} = \frac{1}{d} \cdot K$$

$$\boxed{p_t = \frac{1}{d} \cdot K}$$

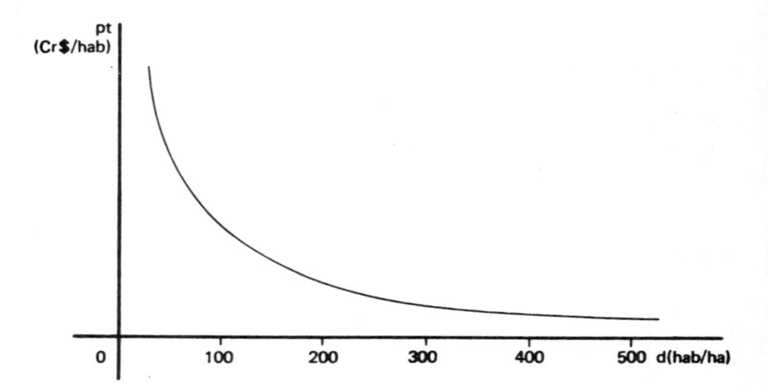

f (1, 11) densidade (d) – custo do equipamento coletivo hab. (p_{ec})

Hipótese 1: os equipamentos coletivos atendem também à população não residente no conjunto habitacional, ao mesmo tempo que parte da população do conjunto habitacional utiliza equipamentos externos ao conjunto. Neste caso, o custo do equipamento não pode ser avaliado na escala do conjunto habitacional e independe da densidade deste.

$$\boxed{\nexists f(1, 11)}$$

Hipótese 2: os equipamentos só atendem à população do conjunto, e a atendem em sua totalidade. É o que ocorre geralmente a conjuntos muito grandes ou situados fora de regiões urbanizadas. Considera-se equipamento coletivo o seguinte: escolas, creches, *playgrounds*, espaços livres verdes, assistência médica e outras, comércio local. Até maior precisão, considerou-se

$$\boxed{P_{ec} = - KN \log d + \overline{P_{ec}}}$$

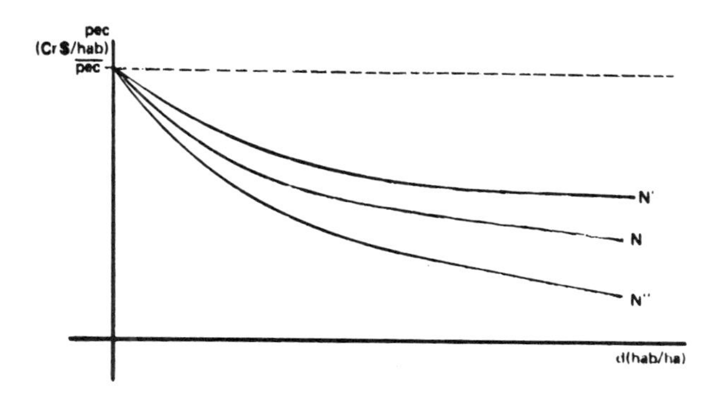

ou dividindo por N:

$$p_{ec} = - K \log d + \overline{p_{ec}}$$

para
N' ⩽ N ⩽ N''
P_{ec} = custo equipamento coletivo
$\overline{P_{ec}}$ = custo equipamento coletivo para o atendimento ideal de um conjunto habitacional

$$\overline{p_{ec}} = \frac{\overline{P_{ec}}}{N}$$

f (2, 5) custo infra-estrutura/hab. (p_i) – *topografia* (i_{to})

$$P_i = S \left(\frac{\overline{P_i}}{S} - K_{i_{to}} \right)$$

$$\frac{P_i}{N} = \frac{1}{d} \left(\frac{\overline{P_{id}}}{N} - K_{i_{to}} \right)$$

$$p_i = \overline{p_i} - \frac{1}{d} K_{i_{to}}$$

i_{to} = índice de topografia conforme critérios de localização

$\overline{p_i}$ = custo da infra-estrutura/hab. quando o terreno tem índice de topografia = 0

P_i = custo da infra-estrutura

$\overline{P_i}$ = custo da infra-estrutura quando o terreno tem índice de topografia = 0

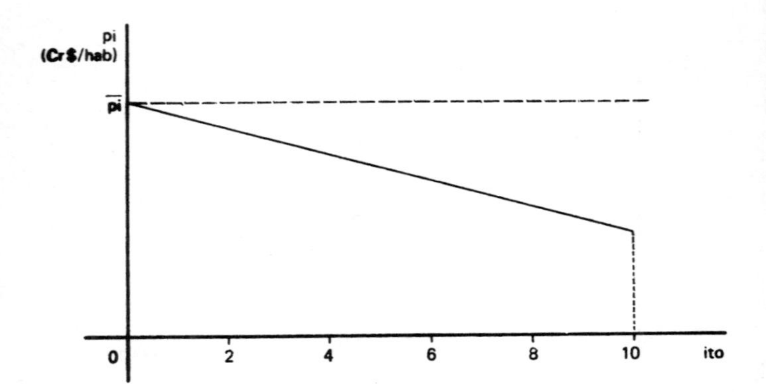

f (2, 13) custo infra-estrutura/hab. (p_i) – *pop. tot. conj. hab.* (N).

Há provavelmente uma economia de escala significativa, principalmente para N > 400
Aproximadamente:

$$P_i = \overline{p_i} + \frac{1}{N}$$

$N \geqslant 400$

$\overline{p_i}$ = constante = $\lim\limits_{N \to \infty} p_i$

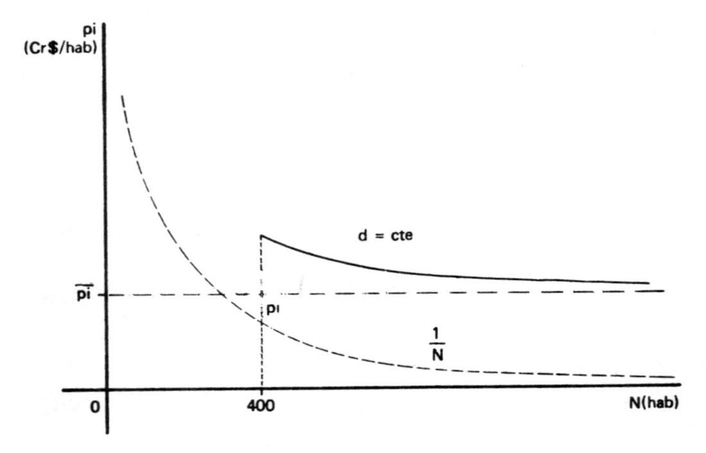

f(3, 4) custo da terra/ha (p_t) – *localização da terra* (i_{lo}).

A localização da terra será considerada pelo índice da localização (conforme critérios de localização da COHAB).

$$f(p_t \cdot i_{lo}) = T \quad \begin{array}{c|ccccccccccc} \downarrow & 0 & 1 & 2 & 3 & 4 & 5 & 6 & 7 & 8 & 9 & 10 \\ & P_0 & P_1 & P_2 & P_3 & P_4 & P_5 & P_6 & P_7 & P_8 & P_9 & P_{10}. \end{array}$$

Esta transformação é estabelecida através de mapa e da tabela de índices de localização.

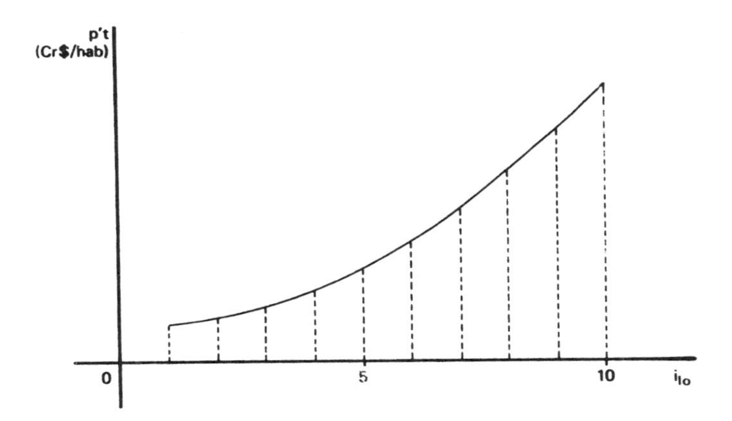

f (3, 5) custo da terra/ hab. (p_t) – *topografia* (i_{to})

$$p_t = \overline{p_t} - K'' i_{to}^{1,5}$$

i_{to} = declividade média como:

$$i_{to} = \frac{1}{n} \sum_{k=0}^{n} i_{tok}$$

onde:

i_{tok} = declividade média do elemento de área de ordem k, a área total estando dividida em n elementos de área 1 ha cada.

$\overline{p_t}$ = custo/hab. do terreno plano no local considerado.

K'' = constante cujo valor é determinado experimentalmente.

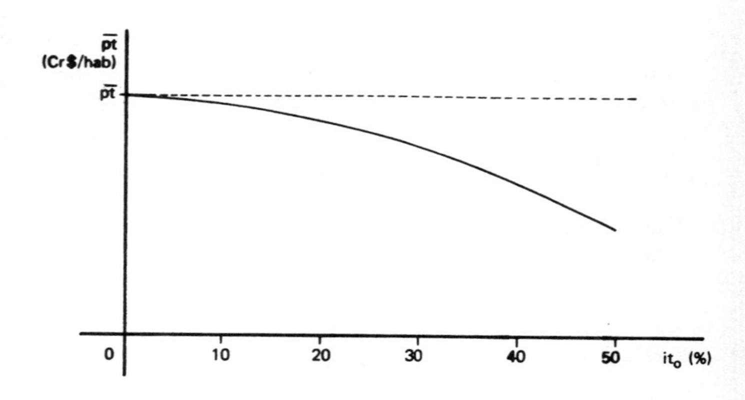

f (8, 10) área do terreno privado/hab. (s_{te}) *– área livre/habitante* (s_l)

$S_l = S_u - S_{lo} \quad \therefore$

onde:

$S_u = S - S_{circ.} \sim S - 0{,}2\,S$

$S_u = 0{,}8\,S$

$S_{lo} = S_p + S_{te}$

$\therefore\ S_l = 0{,}8\ S - (S_p + S_{te})$

$S_l = 0{,}8\ S - S_p - S_{te}$

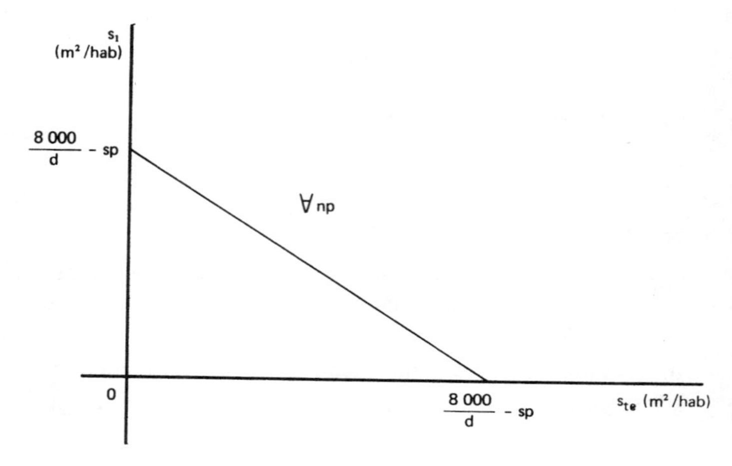

dividindo por N:

$$s_l = \frac{8\,000}{d} - s_p - s_{te}$$

S_u = área útil

S_{lo} = área lotes

$S_{circ.}$ = área circulação

S_p = área projeção

d = densidade

N = população total

s_p = área projeção/habitante.

f (8, 12) área do terreno privado/hab. (s_{te}) *– tipo de habitação (np) para habitação unifamiliar*

$s_{te} = s_{lo} - s_{do} \therefore$

mas, $np = \dfrac{s_{do}}{s_p}$

$$\therefore \quad s_{te} = s_{lo} - \frac{1}{np} s_{do}$$

para $np = 1$ — $s_{te} = s_{lo} - s_{do}$

para $np = 2$ — $s_{te} = s_{lo} - \dfrac{1}{2} s_{do}$

para habitação coletiva:

Hipótese 1: os edifícios ocupam o térreo e as lajes de cobertura não são aproveitadas para serviços. Nesse caso considera-se como área de terreno (área externa privada) apenas a área de serviço do apartamento.

$$s_{te} = s_s$$

Hipótese 2: os edifícios sobre pilotis não ocupam o térreo, mas as lajes de cobertura não são aproveitadas. Nesse caso apenas o térreo é considerado como área de terreno.

$s_{te} = s_p + s_s$ mas,

$$np = \frac{s_{do}}{s_p}$$

$$s_{te} = \frac{1}{np} s_{do} + s_s$$

considerando que as áreas coletivas não são usadas em tempo integral, é razoável introduzir um coeficiente $\sqrt{np}$ de modo que a expressão s_{te} fica:

$$s_{te} = \sqrt{np}\ \frac{1}{np} s_{do} + s_s$$

Hipótese 3: os edifícios não ocupam o térreo e as lajes de cobertura são aproveitadas. Nesse caso as duas áreas são consideradas como área de terreno.

$$s_{te} = 2\, s_p + s_s$$

$$s_{te} = \frac{2}{np} s_{do} + s_s$$

Pela mesma razão da hipótese 2, introduziu-se o coeficiente $\sqrt{np}$, donde:

$$s_{te} = \sqrt{np}\ \frac{2}{np} s_{do} + s_s$$

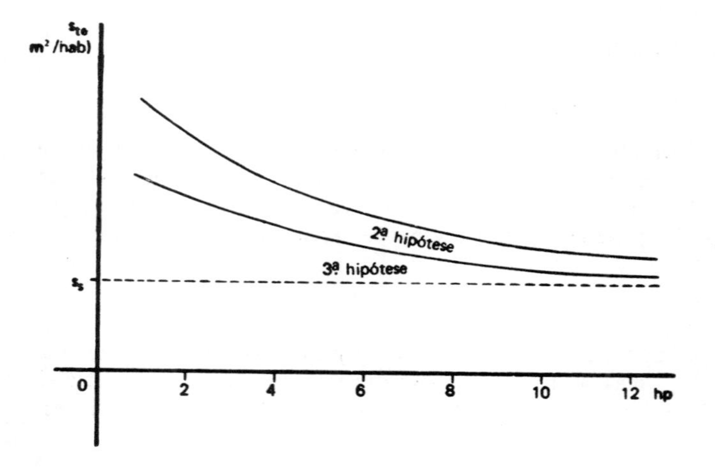

f (10, 12) área livre/hab. (s_l) – *tipo de habitação* (*np*)

$$s_l = \frac{S_l}{N}$$

$\underline{np}$.–

$$S_{lo} = \frac{2}{3} S \rightarrow S_l = \frac{1}{3} S$$

$$\frac{S_l}{N} = \frac{1}{3} \frac{S}{N}$$

$$s_l = \frac{1}{3} \frac{1}{d}$$

$\underline{np = np}$

$$S_{lo} = \frac{2}{3} S \cdot \frac{1}{np}$$

$$S_l = S \left(1 - \frac{2}{3np}\right)$$

$$\frac{S_l}{N} = \frac{1}{d} \left(1 - \frac{2}{3np}\right)$$

—·—·— limite imposto por s_{lo} mínimo

$$np \leqslant \frac{N}{5{,}5}$$

$$np \leqslant kd$$

$$\boxed{s_l = \frac{1}{d} \left(1 - \frac{2}{3np}\right)}$$

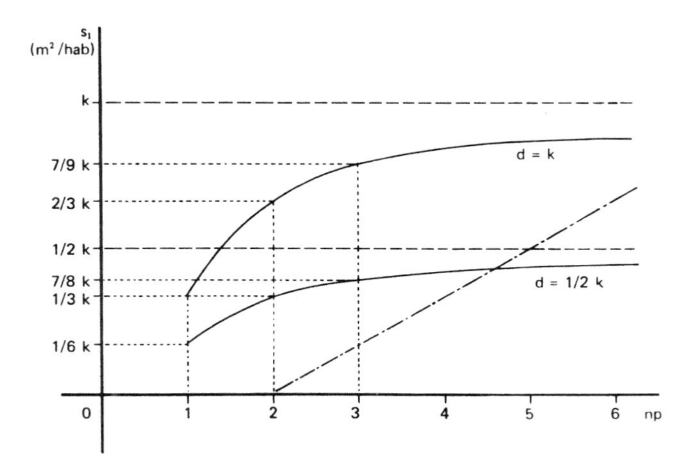

S_{lo} = área lotes

S_l = área livre

S = área total do terreno

N = população total

d = densidade

np = nº pavimentos.

f (11, 13) custo equipamento coletivo (P_{ec}) *– pop. tot. conj. hab.* (N).

Há, provavelmente, uma economia de escala significativa, principalmente para $N > 400$.
Aproximadamente:

$$P_{ec'} = \overline{P_{ec}} + \frac{1}{N}$$

$N \geqslant 400$

$\overline{P_{ec}}$ = constante = $\lim\limits_{N \to \infty} P_{ec}$

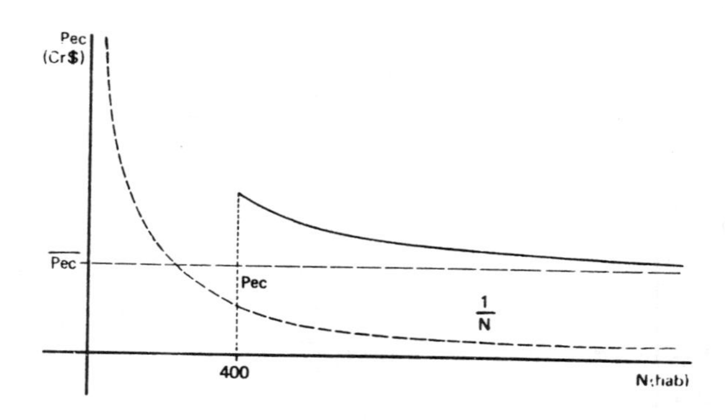

Procedeu-se então à análise das secções entre os fatores de QV e os condicionantes de uma área determinada.

f (14, 1) silêncio (i_{si}) *– densidade* (d)

i_{si} = índice de silêncio, tal que

$$i_{si} = 10 \left(1 - \frac{R}{130}\right)$$

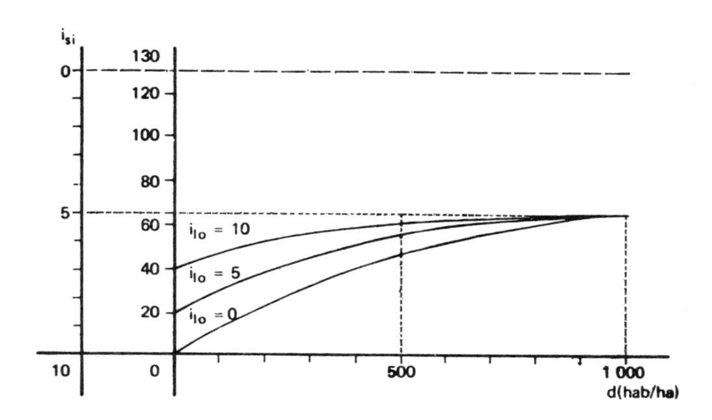

i_{si} = é dado em nota de 0 a 10

$d = \dfrac{\text{hab.}}{\text{ha}}$

R = nível de ruído (em db.)

S = área de terreno.

As curvas representadas são válidas para:

$S \geqslant 5$ ha.

Observe-se que $f(14, 1)$ depende do índice de localização (i_{lo}).

f (14, 4) silêncio (i_{si}) – índice de localização (i_{lo})

i_{si} = como em f (14, 1)

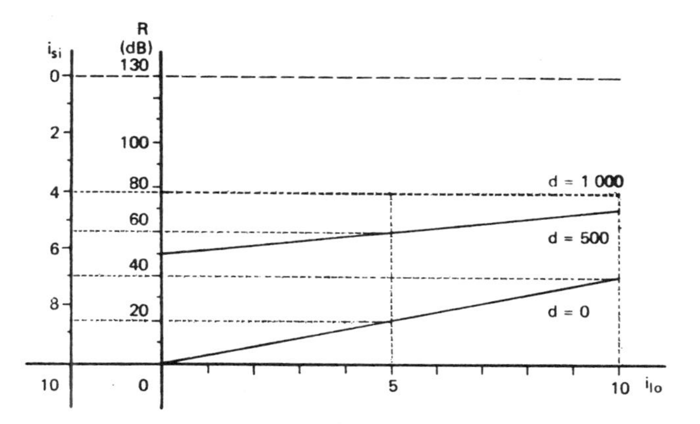

i_{lo} = conforme critérios de localização

R = nível de ruídos (em db.).

As curvas representadas são válidas para:

$S \geqslant 5$ ha.

Observe-se que $f(14, 4)$ depende da densidade (d).

f (15, 1) despoluição (i_{dp}) *– densidade* (d).

Obs.: levando-se em conta somente os gases emitidos por automóveis, nas condições de renda e tecnologia atuais.

$$i_{dp} = 10 - i_{po}$$

i_{po} = índice de poluição com $0 \leqslant i_{po} \leqslant 10$

$d = \dfrac{\text{hab.}}{\text{ha}}$

Observe-se que $f(15, 1)$ depende do índice de localização (i_{lo}).

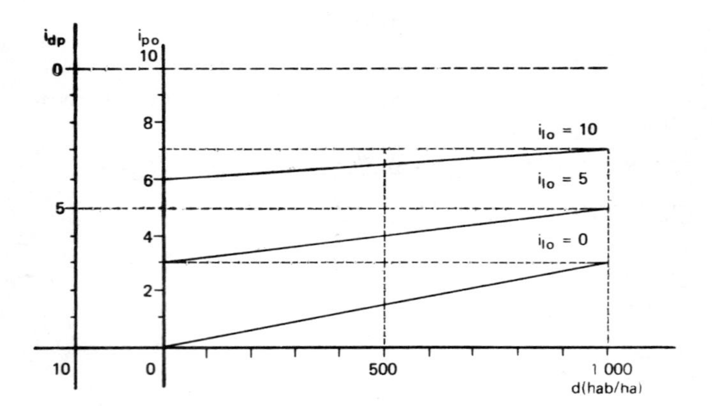

f (15, 4) despoluição (i_{dp}) *– localização* (i_{lo})

Obs.: idem *f* (15, 1)

$$i_{dp} = 10 - i_{po}$$

Observe-se que $f(15, 4)$ depende da densidade (d).

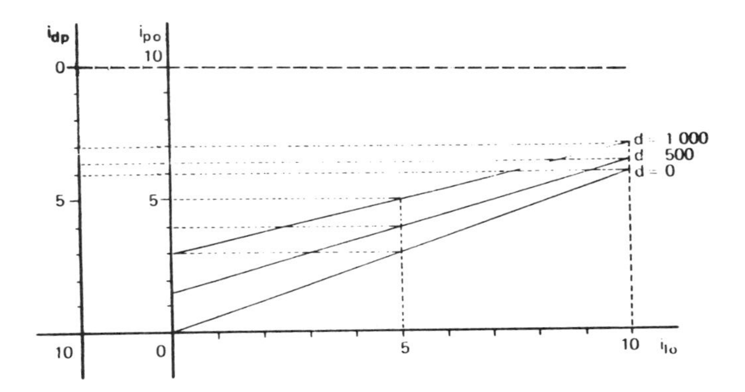

i_{po} = índice de poluição (0 a 10)

i_{lo} = conforme critérios de localização.

f (16, 4) higiene (manutenção) (i_{hm}) *– localização* (i_{lo}).

Obs.: os serviços de limpeza e manutenção são feitos pelo município (infra-estrutura, equipamento coletivo e lixo) e pelo Estado (equipamento coletivo).

i_{hm} = índice de higiene (de 0 a 10)

i_{lo} = conforme critérios de localização.

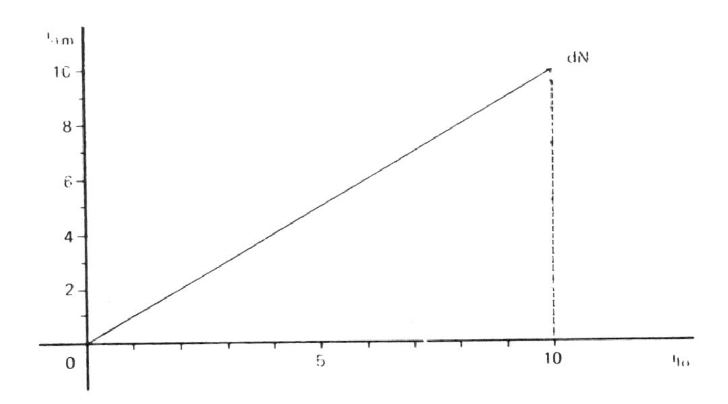

f (17, 5) orientação visual (i_{ov}) *– topografia* (i_{to})

i_{ov} = índice de orientação visual (de 0 a 10)

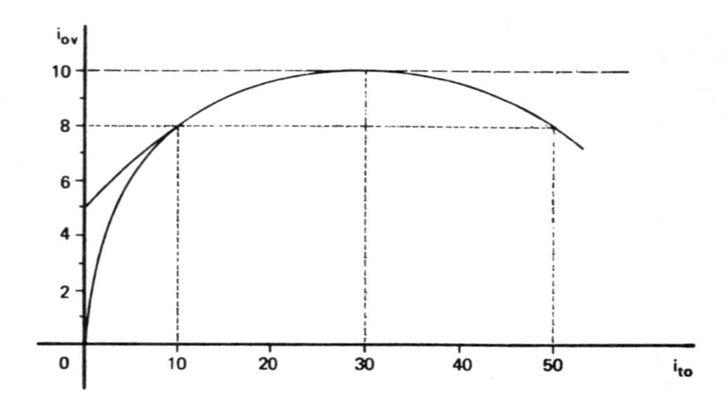

i_{to} = topografia (em %): declividade média;

Observe-se que a existência de equipamentos (marco, referência, caixa d'água, etc.) altera a curva quando:

$$i_{to} < 10\%.$$

f (17, 11) orientação visual (i_{ov}) – custo equipamento coletivo (P_{ec}).

Esta função é de difícil qualificação; mas, pode-se assegurar que de qualquer modo, depende da densidade. O ponto *X* assinalado em P_{ec} representa o investimento necessário para a construção de algum marco de referência.

i_{ov} = índice de orientação visual (de 0 a 10).

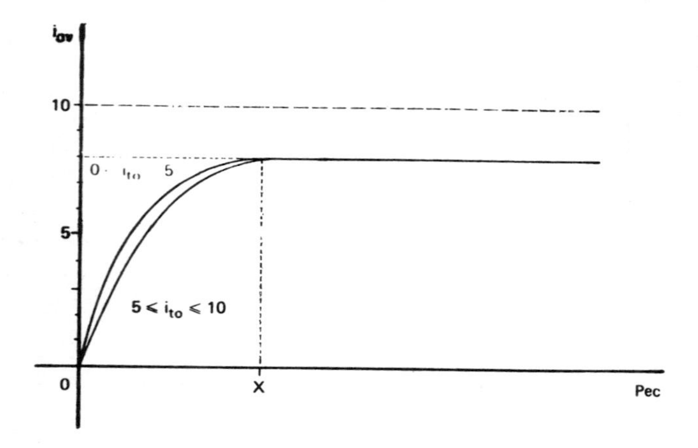

f (18, 5) opções de trajeto (i_{ot}) – topografia (i_{to})

i_{to} = índice de opções de trajeto dado em nota de 0 a 10

i_{to} = declividade média, dado em %.

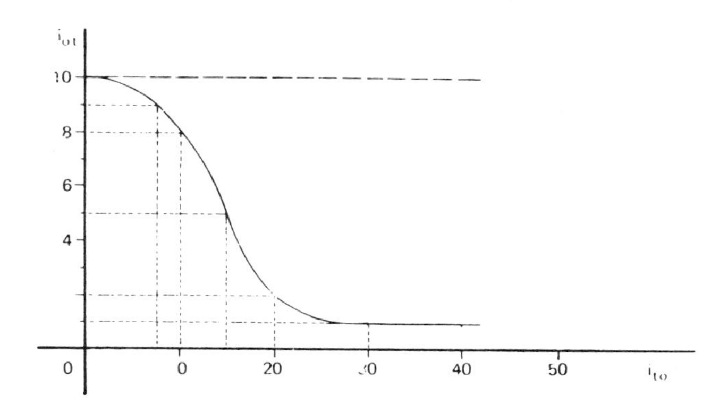

f(19, 7) espaço interno (i_{ei}) – área domicílio/habitante (s_{do})

i_{ei} = índice de espaço interno; é dado em nota de 0 a 10

$$s_{do} = \frac{m^2}{hab.}$$

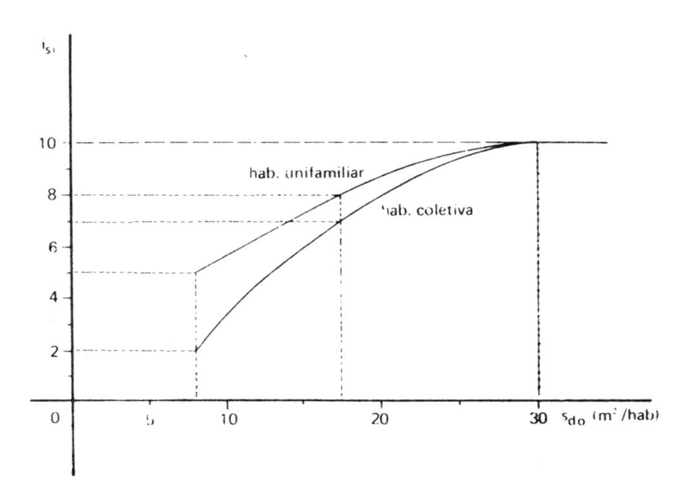

f(19, 12) espaço interno (i_{ei}) – tipo de habitação (np)

O gráfico anterior fornece as curvas para habitação unifamiliar e habitação coletiva.

Observe-se que no caso de habitação coletiva não será considerada a área de serviço como espaço interno.

f(20, 8) espaço privado externo (i_{epe}) – área de terreno privado/hab. (s_{te})

i_{epe} = índice de espaço privado externo dado em nota de 0 a 10.

$$s_{te} = \frac{m^2}{hab.}.$$

Observe-se que no caso de habitação coletiva, s_{te} será considerado conforme definido em $f(8, 12)$.

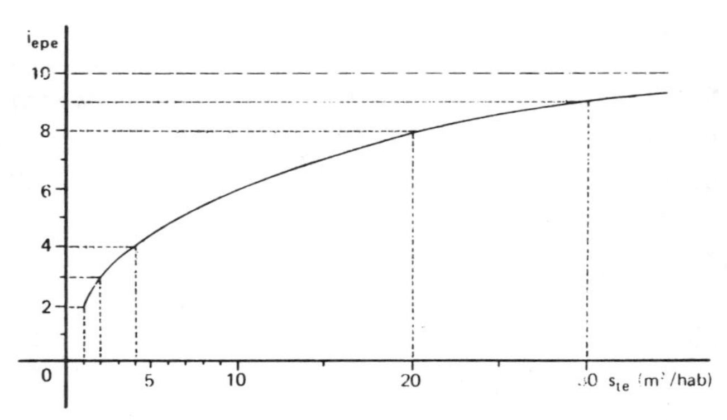

f(21, 10) espaço externo (i_{ee}) – área livre/habitante (s_l)

i_{ee} = índice de espaço externo dado em nota de 0 a 10

$$s_l = \frac{m^2}{hab.}.$$

Observe-se que foi considerada como área livre a soma das seguintes parcelas:

1. área livre verde
2. área reservada para equipamento coletivo.

Observe-se ainda que $f(21, 10)$ depende da densidade (d).

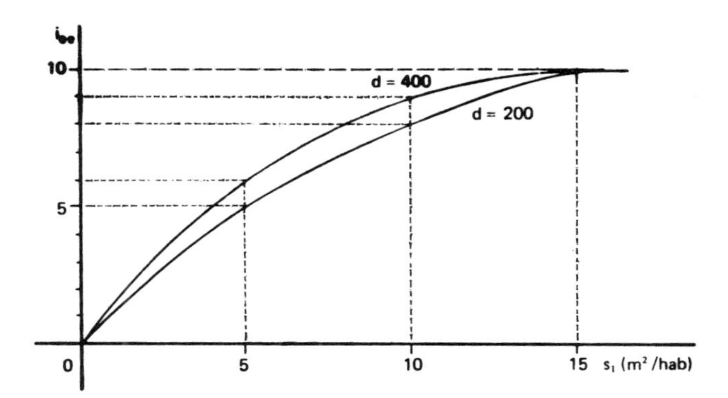

f(22, 11) equipamento coletivo (i_{ec}) – equipamento coletivo/hab. (s_{ec}).

i_{ec} = dado em nota de 0 a 10

s_{ec} = m²/ hab.

Observe-se que $f(22, 11)$ depende da densidade (d).

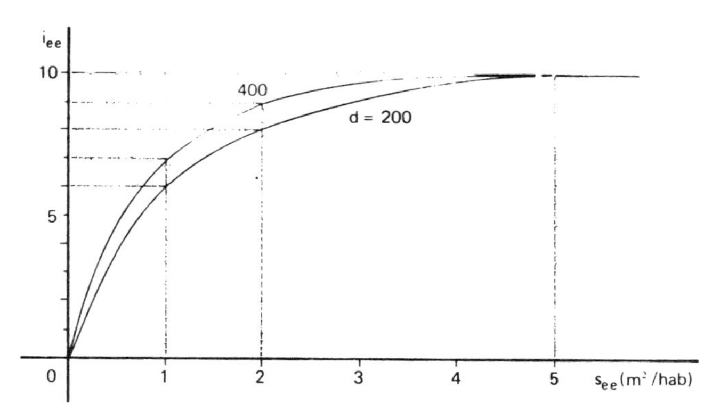

f(23, 1) segurança física (i_{sf}) – densidade (d)

Este comportamento só pode ser definido, quando os seguintes fatores são constantes: localização (i_l), tipo de habitação (np) e população total (N).

Os três gráficos abaixo mostram o comportamento de $f(23, 1)$ para os índices de localização iguais a 10 e 0, nas seguintes respectivas situações:

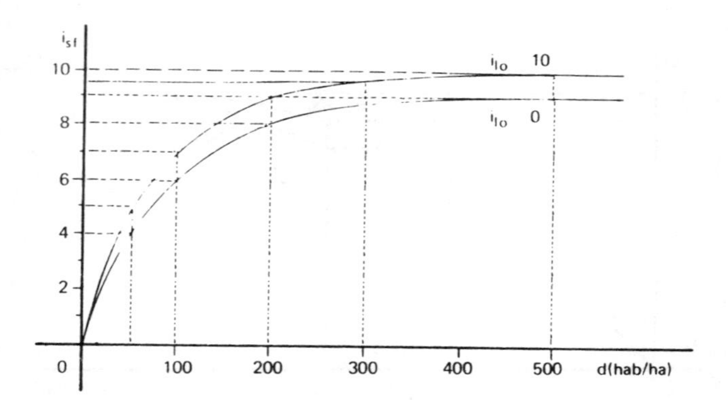
i_{sf}
10
8
6
4
2
0
100
200
300
400
500
d(hab/ha)
i_{lo} 10
i_{lo} 0

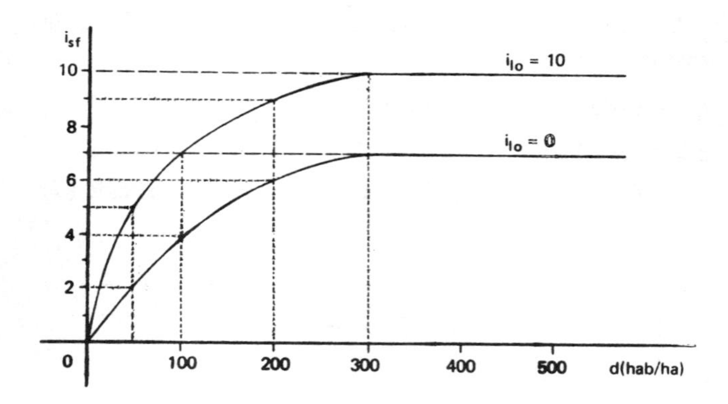
i_{sf}
10
8
6
4
2
0
100
200
300
400
500
d(hab/ha)
i_{lo} = 10
i_{lo} = 0

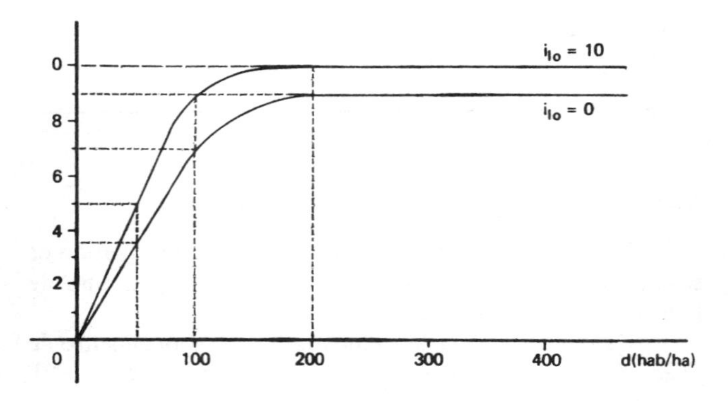
0
8
6
4
2
0
100
200
300
400
d(hab/ha)
i_{lo} = 10
i_{lo} = 0

1. N $\geqslant$ 15 000 hab.
   habitação unifamiliar
   $np = 1$;

2. $0 \leqslant N < 15\,000$
   habitação unifamiliar
   $np = 1$;

3. N = qualquer
   habitação coletiva
   $np \geqslant 2$.

Os três últimos gráficos já mostram o comportamento das seguintes funções:

- $f(23, 4)$ segurança física (i_{sf}) – localização (i_{lo}).
- $f(23, 12)$ segurança física (i_{sf}) – tipo de habitação (np).
- $f(23, 13)$ segurança física (i_{sf}) – população total (N).

$f(24, 4)$ integração urbana (i_{iu}) – localização (i_{lo}).

i_{iu} = dada com notas de 0 a 10

i_{lo} = conforme critérios de localização.

Observação: para aperfeiçoar as funções empíricas:

$f(14, 1)$ silêncio, densidade
$f(14, 4)$ silêncio, localização
$f(15, 1)$ despoluição, densidade e
$f(15, 4)$ despoluição, localização.

Sugerimos comparar estudo a nível tecnológico, para obtenção dos índices de tolerância mais indicados.

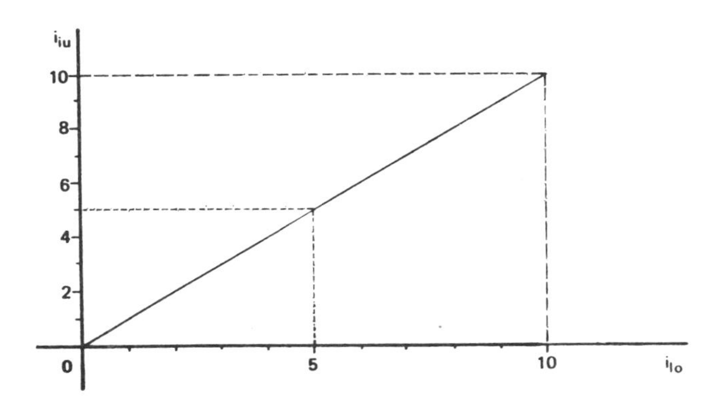

f(16, 13) custo domicílio/m² (p_{do}) – população total do conj. hab. (N)
Há, provavelmente, uma economia de escala.
Aproximadamente:

$$p_{do} = \overline{p_{do}} + \frac{1}{N}$$

$$\overline{p_{do}} = \lim_{N \to \infty} p_{do}$$

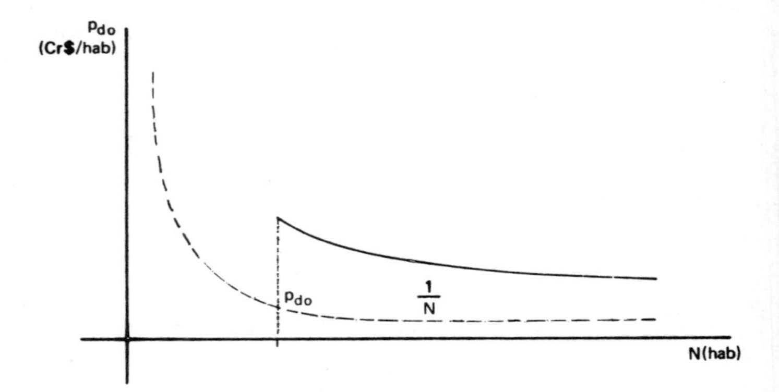

O estudo de 1970 fora preparado para a COHAB-SP e concluía por uma sistemática de identificação comparativa de valores entre projetos submetidos; esta comparação permitiria à COHAB escolher e dar prioridades, sempre em função da otimização de fatores de QV.

Este exercício foi aqui reproduzido por permitir visualizar uma interpretação do relacionamento entre os diversos fatores de QV e entre estes e seus condicionantes econômicos, por fornecer o ensejo de identificar alguns fatores conceituais programáticos e qualitativos que nos parecem substantivos para a solução adequada a projetos habitacionais[3].

(3) O físico argentino Carlos MALLMAN, da Fundação Bariloche, desenvolveu importantes relações entre os "satisfactores" de QV. Ver anais do Seminário "Alternativas do Desenvolvimento: Energia Solar", S. Paulo, novembro 1975, ERPLAN.

8. TÁTICAS DE INDUÇÃO E OS 10 PASSOS DE UMA ESTRATÉGIA CHAMADA URBANISMO

"O homem vale por seus extremos; mas a humanidade avança pelo meio."

P. VASÉRY

Urbanismo

Como já vimos, o objetivo do urbanismo é analisar criticamente a realidade do espaço da vida urbana, oferecer uma visão desejável e possível, propor e instrumentar uma estratégia de mudança. Esta estratégia deveria ser acompanhada pelos instrumentos necessários para induzir e conduzir a alteração de realidade proposta.

O fenômeno da considerável concentração de poderes, representado pelo aumento de governos autocráticos, assim como a crescente participação da tecnocracia em governos, com seu viés onisciente, onipotente e controlador, são os dois fatores que têm privilegiado a adoção de instrumentos de comando e controles *centralizados,* bem representados por "planos qüinqüenais", "planos de desenvolvimento", "leis urbanísticas" e outros documentos normativos. Eles nos inspiram sentimentos ambíguos, pois são indispensáveis enquanto proponentes de políticas gerais e estratégias. Mas são dispensáveis e, por vezes, nocivamente controladores na medida em que se distanciam do usuário, o qual é ignorado como possível *agente* das transformações propostas.

Ambivalência dos planos

Esses planos acadêmicos têm um vício de origem: a pretensão de conter a imensa diversidade do potencial de alteração da realidade representada pelos milhões de projetos de vida individuais, familiares e de grupos; são extensos em horizonte de tempo ou excessivamente abrangentes em naturezas de intervenção, ou, ainda, geograficamente imensos. Sua abragência, ambição e suficiência os têm levado a uma ineficiência raramente quantificada ou sequer denunciada.

Nem por isso podem ser jogados ao opróbrio público; pois, para a elaboração desses planos gerais, elaboram-se indispensáveis premissas: coleta de dados esparsos, diagnósticos integrados e uma certa sistematização do pensamento. Por outro lado, algumas de suas proposições imediatas soem traduzir-se por eficientes instrumentos normativos: leis, regulamentos, códigos.

Inegavelmente, boa parte do que ocorre nas cidades é disciplinado por esses instrumentos normativos; é esta uma das formas de conduzir alterações quando já existe uma prévia motivação.

A legislação urbana corriqueira, como a lei de uso do solo, a lei de loteamentos e o código de edificações, tem o escopo de restringir, limitar, normalizar a dinâmica urbana, conduzindo a elaboração coletiva do produto desta dinâmica.

Se tais planos têm tantas virtudes, qual o seu alcance e quais suas limitações? A legislação é apenas uma pequena parte daqueles planos abrangentes; boa parte desses planos preocupam-se com um diagnóstico da situação e com o estabelecimento de metas configurando uma expectativa de progresso.

Avaliações inexistentes

Estas metas e expectativas permanecem encerradas em cada plano; não há muita preocupação em avaliar-se o resultado de planos. Estando eles vinculados a determinadas administrações e gestões políticas que os motivam não há quem cobre pelo cumprimento das metas propostas. Após esgotar-se o tempo de vigência de cada plano, este não é seguido por sua avaliação e sim por um *novo plano,* elaborado por outros técnicos, a serviço do grupo político sucessor e que retoma com igual fervor a bandeira do progresso, da salvação e do bem-estar do povo. Novas metas são, então, propostas de acordo com o ideário de novo proponente.

Em que pese o desperdício intelectual e financeiro representado pela sucessiva retomada em lugar de periódicas avaliações, parece-nos ainda subsistir um aspecto simpático e uma "eficiência" democrática neste processo desgastante. Cada vez que se estabelece o novo plano, com a renovação da esperança do "agora vai", está-se, de modo canhestro, propondo uma nova utopia, a qual pode ser reveladora de um estilo político. Essa atuação não deixa, portanto, de ter um conteúdo democrático, permitindo chegar a conclusões pelo hesitante caminho das tentativas.

Uma alternativa diametralmente oposta seria certamente mais arriscada; um plano rígido a ser seguido sem alterações por sucessivos governantes atrasaria com ônus os momentos de correção de políticas.

Terceira alternativa

Entre essas alternativas antagônicas, no entanto, insere-se uma terceira alternativa que nos parece mais adequada e que já foi, anteriormente, descrita: o urbanismo (ou planejamento urbano, ou *ekistica*) entendido como um processo de alteração intencional da realidade urbana – processo este pontuado periodicamente por *planos,* entendidos como sínteses conjunturais: diagnóstico e prognóstico inseridos num *processo contínuo.*

A estratégia urbanística propõe *criar processos* de transformações urbanas. Esta criação de processos se divide, para fins didáticos, em dois grandes grupos: os processos de *condução* e os processos de *indução* das transformações objetivadas para uma realidade urbana.

Condução

A *condução* é representada pelas diretrizes passíveis de serem diretamente impostas e institucionalizadas: a lei do plano, a nova legislação de uso do solo e os demais instrumentos legais, administrativos e financeiros, postos à disposição da implantação de diretrizes; os códigos tributários e de edificações etc.

Além destes processos de condução direta, a estratégia urbanística pode apresentar táticas de intervenção indireta. A indução é uma destas táticas.

Indução

A *indução* de processos de transformação é representada pelos estímulos e iniciativas empreendidas pelo poder público e visando induzir os cidadãos, individual ou coletivamente, a empreenderem transformações urbanas de alcance social inseridas no contexto geral objetivado pela estratégia de um plano. Em outros termos: a tática de indução utiliza certas tendências ou iniciativas espontâneas, colocando-as a serviço de transformações previamente selecionadas como substantivas.

O alcance da tática de indução depende em boa parte do contexto sócio-econômico. É ela particularmente eficiente em países, regiões ou cidades subdesenvolvidas e apresentando considerável dinâmica de crescimento[1].

As características estruturais do Brasil põem à disposição do urbanista recursos e condições típicas; este rol de condições e recursos é hoje cada vez mais conhecido e melhor compreendido. Destaca-se entre eles uma *dinâmica urbana* intensa, indicada principalmente pela elevada taxa de crescimento, pela mobilidade social e física de seus

(1) A caracterização da "cidade no subdesenvolvimento" é descrita e debatida pelo autor em seu livro *Urbanismo no Subdesenvolvimento*, Rio de Janeiro, Ed. Saga, 1969.

habitantes, pela relativa adaptação a mudanças rápidas, pela fluidez das relações interpessoais e pela vitalidade dos ciclos de consumo, seja de produtos, seja de idéias.

Esta dinâmica autoriza-nos a utilizar táticas de indução numa metodologia urbanística que se torna bastante original e eficiente, baseada no sábio aproveitamento das forças espontâneas que já se encontram na realidade urbana. Nesta metodologia, a dinâmica existente permite ainda a avaliação e aceleração da autocorreção, a curto prazo, das diretrizes propostas em dado momento.

Induzir os cidadãos a realizarem tarefas de transformação urbana alivia as responsabilidades de condução ou imposição a cargo do governo. Além de aliviar, há considerável economia de recursos humanos, pois a mobilização social passa a ter base mais ampla, permitindo alcançar interessantes formas de participação.

Não é menos importante a *economia* em recursos financeiros obtida por meio de táticas de indução, pois considerável volume de obras passa a ser custeado pelo setor privado o qual, perseguindo interesses particulares, estará, ao mesmo tempo, realizando transformações previamente estimadas como sendo de interesse social.

No entanto, alcançada a compreensão desta potencialidade e tomada a decisão de utilizar tal tática, sobra ainda ao planejador uma grave responsabilidade: o que induzir?

O que induzir

Para responder, é prioritário conhecer quais os setores de vida urbana (também definidos como subsistemas de vida ou atividades) *sensíveis* a uma indução, e quais as forças significativas da vida urbana e cujo desenvolvimento, num ou noutro sentido, realmente acarretem transformações sucessivas em cadeia. Em outros termos: *qual o potencial germinador dos principais subsistemas ou atividades.*

Para este conhecimento convém inicialmente arrolar as *resistências,* estrangulamentos, restrições ou obstáculos existentes ao desenvolvimento, tais como: preconceitos, hábitos, estruturas arcaicas, forças de pressão conservadoras e assim por diante.

Convém, por outro lado, arrolar as *tendências* espontâneas existentes, tais como: comércio imobiliário em certos bairros, favoritismo de certas regiões, formas preferidas de habitar e consumir, mobilidade social, forças de pressão inovadoras e assim por diante.

Além dos dois itens precedentes é importante, para a tática da indução, conhecer e avaliar os *recursos* existentes que se oferecem às tendências arroladas; por exemplo: recursos financeiros, espaço disponível, estruturas administrativas utilizáveis, infra-estrutura atual e projetada etc.

Finalmente, para a seleção final das operações indutoras a montar, é preciso *simular* as conseqüências das mesmas a fim de estimar os resultados, verificando se elas produzem suficientes transformações em cadeia (processos sucessivos).

A prioridade entre diversas operações indutoras será estabelecida – sempre dentro do marco referencial dos objetivos estratégicos do plano – em função de diversos critérios explícitos: o maior ou menor alcance social; a amplitude do processo espontâneo germinado para cada operação; a capacidade inovadora ou de desenvolvimento do processo.

Alguns exemplos de indução em cidades brasileiras de cujo planejamento participamos poderá esclarecer o *modus operandi* proposto e que temos empregado.

Alguns exemplos

Em cidades de *escassa pavimentação* de vias, como Osasco, o asfaltamento de uma só via foi suficiente para determinar um vetor de crescimento e um eixo de adensamento espontâneo, pois a melhoria executada representou considerável atração para numerosas tendências e potencialidades preexistentes. A pavimentação passou a ser uma tática de indução de adensamento e polarização linear, numa cidade dispersa e desestruturada.

Outro exemplo: Goiânia. A construção de um *conjunto habitacional* possuía considerável efeito indutor; sendo ele implantado com serviços e infra-estrutura, criou-se a imagem da iminente extensão desses benefícios à área circundante; o grupo social lá colocado em curto prazo representava um potencial consumidor atraente para o pequeno comércio. Por outro lado, a homogeneidade sócio-econômica que ainda possuem esses conjuntos afastava habitações de faixa de renda superior; induziu-se assim uma seleção de padrões de habitações cujas vantagens e desvantagens puderam ser avaliadas, baseando-se tanto o zoneamento como as prioridades em obras, na simulação dos resultados dessa tática de indução habitacional. Nesta simulação dois fatores eram substantivos: uma obra física e um conjunto de expectativas psicossociais.

Outro exemplo: Joinville. O contexto social local conferia elevado poder indutor à legislação. A *legislação* urbana pôde assim ser conceituada como um meio de induzir alterações que iam além de seu efeito normativo direto. A diversificação de taxas de uso do terreno e a aplicação de alíquotas diferençadas a impostos territoriais e prediais acarretaram adensamento em áreas previamente estabelecidas.

Como vimos nos exemplos acima, no contexto dinâmico e fluido da realidade urbana brasileira, identificam-se inúmeras potencialidades indutoras de processos de transformação.

A mudança de função de certos setores urbanos ou a deterioração de suas construções tem propiciado remanejamentos urbanos aos quais o setor privado é sensível. Esta operação induz alterações no uso, no valor venal do solo, na paisagem urbana e propicia a reserva de áreas para fins institucionais, estrutura viária e áreas verdes.

A geração e distribuição de energia elétrica, água e outras redes de infra-estrutura, são por vezes essenciais para programas de indução de implantação industrial.

De forma análoga, a implantação ou melhoria de determinados serviços, notadamente telefonia, ensino e saúde pública, pode induzir rapidamente a instalação de indústrias que estejam optando por esta ou outra cidade numa mesma região.

Os passos metodológicos

Examinada com a devida ênfase a tática de indução, consideremos outros aspectos metodológicos. Em que pese certa hesitação em cristalizar conceitos num receituário de prática profissional, parece-nos caber aqui, pelo menos, um testemunho pessoal. A saber, uma sucinta descrição dos passos usualmente tomados para a elaboração de um plano urbanístico conceituado como um momento do processo contínuo de planejamento; planejamento esse repetimos, por sua vez conceituado como uma estratégia para a transformação da realidade e implicando, em boa parte, o uso de táticas de indução.

Procuraremos apontar em um roteiro genérico os 10 passos metodológicos que empregamos em numerosos casos.

1º passo: Apreensão do conhecimento existente sobre a *situação* encontrada, no que diz respeito à:

- atualização
- abrangência
- confiabilidade
- e profundidade

dos dados existentes. Nesta avaliação, procuramos conferir informações estatísticas e institucionais com contra-informações: entrevistas, aplicação de questionários etc. No que tange às *proposições* preexistentes, verifica-se a sua

- atualização;
- extensão;
- profundidade e clareza de objetivos;
- compatibilidade.

Desta apreensão de conhecimentos deve fazer parte o rol das *intenções* de *alterações* da realidade representadas por:

- projetos,
- estudos,
- obras,

em elaboração e em andamento, originadas do setor público ou de iniciativa do setor privado.

2º passo: "Leitura" da cidade

Consiste na identificação de suas estruturas básicas, assim como na caracterização dos subsistemas (atividades) típicos dos diversos grupos sociais e etários; neste passo são importantes os contatos e entrevistas significativas e a busca de identificação de:

- obstáculos e resistências;
- tendências e expectativas;
- recursos à disposição (humanos, financeiros etc.);
- mobilidade física e social.

3º passo: Lançamento de hipóteses e alternativas

Estabelecido um diagnóstico integrado e aventados os prognósticos, pode-se estabelecer uma ou mais hipóteses contendo:

- vetores de crescimento,
- ocupação do solo e adensamento.

A partir destas alternativas (primeiro objeto utópico proposto), será viável estabelecer um programa de investigações e pesquisas de campo para verificar e corrigir esse primeiro modelo teórico representado pela hipótese adotada.

4º passo: Investigações

Trata-se de pesquisas de campo que tanto podem constituir-se por entrevistas planejadas como por levantamentos diretos, censos, operações de consulta pública ou pesquisas por amostragem. Neste último caso:

- identificam-se os campos pertinentes e prioritários;
- adota-se uma amostra significativa;
- elabora-se e testa-se o questionário;
- aplica-se, tabula-se e cruzam-se os dados.

Como conseqüência, identificam-se os *indicadores urbanos* considerados substantivos e se explicita e quantifica a dinâmica urbana (população, renda, ocupação do solo etc.).

Estes dados passam então a realimentar o processo, corrigindo a primeira hipótese que gerou os campos e problemas a investigar. Passa-se então a dois passos importantes para o estabelecimento da estratégia de intervenção do plano.

5º passo: Proposição do 2º objeto possível

- propõe-se um conceito desejável de vida urbana;
- estabelecem-se alternativas de estruturas possíveis ou desejáveis;
- calculam-se quantidades (demandas, serviços, áreas) e se espacializa as atividades dominantes;
- debatem-se as grandes teses conceituais.

Esta etapa corresponde ao conteúdo programático e conceitual que informaria, por analogia, um projeto arquitetônico.

6º passo: O plano de estruturas

Ele é representado pela "planta da cidade proposta"; e apresenta as seguintes características:

- espacializa a proposta conceitual de vida urbana;
- estabelece a trama de suporte para os subsistemas (atividades);
- visualiza fisicamente um futuro possível para a cidade;
- contém a malha ou estrutura viária básica;
- contém o uso do solo (residencial, industrial, de serviços, de equipamento, recreativo, associado a transporte, institucional, reservas para expansão);
- indica os principais troncos de infra-estrutura e as zonas prioritárias ou vetores de seu desenvolvimento;
- distribui o equipamento escolar, hospitalar e de serviços;
- propõe iniciativas e diretrizes para a paisagem urbana.

Esta etapa corresponde, por analogia, ao anteprojeto arquitetônico.

Os passos seguintes referem-se à *instrumentação* ou implantação do plano.

Parte do princípio de que o documento chamado "plano" é um importante gerador ou dinamizador do processo permanente de planejamento. É para esta instrumentação que utilizamos as táticas de condução e de indução.

7º passo: Documentos normativos de condução

- legislação de uso do solo e de loteamentos;
- lei de proteção à paisagem;
- reformas administrativas;
- códigos tributários e de edificações;
- orçamento-programa e outras formas de alocação de recursos financeiros.

A este instrumento de alteração conduzida diretamente, acrescenta-se as operações induzidas ou indiretas.

8º passo: Operações de indução

- estímulos na legislação;
- estímulos tributários;
- estímulos no remanejamento de áreas;

– estímulos pela criação de motivações psicológicas;
– obras físicas de caráter e potencialidade indutora;
– freios, pela mobilização de opinião pública desfavorável;
– criação de processos em cadeia.

Estas operações correspondem a condições locais, tornando mais fácil uma exemplificação do que uma generalização.

9º passo: Formação de quadros

Assume-se que, face à carência de quadros e à amplidão dos municípios necessitados de instalar um processo de planejamento deva-se recorrer a equipes volantes do setor público ou do setor privado (firmas e profissionais consultores).

O aspecto pedagógico da elaboração de um plano é meramente adjetivo. O que é substantivo é a necessidade de criar e desenvolver localmente um grupo profissional responsável e motivado para, a partir do plano, fixar um processo contínuo.

Pode iniciar-se pelo estabelecimento de um grupo local de acompanhamento, ou pela constituição de contra-equipe, ou pela montagem de um escritório do plano. Pouco a pouco, no entanto, a equipe local deveria assumir responsabilidades crescentes.

10º passo: A continuidade do processo

Para que a finalidade última do plano se realize é preciso que ele efetivamente tenha provocado um processo permanente da aplicação de suas recomendações, realimentação de informações e revisões periódicas.

A institucionalização do processo se pode dar pela:

– criação de órgão governamental novo;
– reforço ou alteração de órgão existente;
– promulgação dos instrumentos legais.

É necessário, paralelamente, mobilizar a opinião pública e desenvolver as formas de sua participação na realimentação contínua ou periódica.

Ao encerrar a descrição desses 10 passos, alertamos o leitor quanto ao esquematismo da descrição metodológica acima; ela apenas objetivou exemplificar a relação entre plano, processo de planejamento e uso da tática de indução em nossa experiência profissional e pessoal.

Arquitetos e urbanismo

Finalmente, convém anotar uma peculiaridade à guisa de anotação marginal.

O mecanismo mental de imaginar configurações, fazer analogias entre estruturas, transduzir ou propor hipóteses de futuro inteiramente configuradas, prontas para simulação, tem efetivamente muito a ver com o mecanismo mental de "projetar espaços arquitetônicos". Talvez daí decorra o interesse pioneiro revelado por arquitetos na formulação da urbanística contemporânea.

O papel de relevo do arquiteto na equipe multidisciplinar também resulta da inegável *espacialização* dos problemas sócio-econômicos urbanos.

O homem e o seu espaço

Esta espacialização evidencia a forte relação existente entre o homem e o seu espaço. A relação não é meramente física, nem apenas fisiológica. Ela é também psicológica e cultural. O antropólogo C. Castañeda[2] descreve uma das lições básicas do seu bruxo e mestre: para fumar erva alucinógena e receber a visita do espírito é preciso, antes de mais nada, encontrar o *seu lugar*. Aflito, percorre Castañeda, com escrúpulo obsessivo, a varanda em que se encontra, esperando que algo ocorra, identificando o "seu" lugar; gastou nesta tarefa duas horas percorrendo de gatinhas metodicamente várias vezes o espaço todo, até perceber um súbito estado de grande satisfação e serenidade.

Ora, qualquer cachorro ou gato teria resolvido esse problema com maior simplicidade e rapidez. É óbvio que estes animais não deitam em qualquer lugar; há uma seleção intuitiva e a volta habitual ao local escolhido.

O homem perdeu algo da intuição em sua adaptação ao espaço disponível. Mas nem por isso deixou de existir a relação entre ele e o espaço. Note-se, por exemplo, o embaraço e hesitação que sentimos quando entramos num auditório vazio ante a total liberdade da escolha da cadeira a ocupar; por outro lado, se voltamos periodica-

(2) CASTAÑEDA, Carlos. *The teachings of D. Juan.* N. York, Fontana.

mente a este auditório (assistindo a um curso, por exemplo), tendemos a ocupar sempre a mesma cadeira ou o mesmo setor, identificado como "nosso espaço".

O espaço interpessoal

O homem se relaciona e se situa no espaço por intuição; mas também em decorrência de fatores culturais[3]. Ninguém melhor do que Edward T. Hall[4] descreveu a função e características culturais do distanciamento, isto é, do espaço interpessoal. Os exemplos da vida cotidiana são suficientemente elucidativos. Dois japoneses se encontram e recorrem aflitamente à troca de cartões, substituindo a antiga identificação fornecida pela indumentária; estabelecida a relação mútua, as reverências repetidas ocupam considerável espaço.

Já dois norte-americanos ao encontrar-se cumprimentam-se e mantêm uma distância que evita qualquer toque entre os corpos; dois franceses se encontram e a distancia diminui havendo um obrigatório aperto de mãos; finalmente, dois brasileiros se encontram e a distância diminui: além do aperto de mãos, há o abraço ou pelo menos o contato com ambas as mãos.

Cremos que a componente espacial na cultura vai além destes exemplos corriqueiros; é provável que exista alguma relação entre o imenso espaço brasileiro e a facilidade com que os arquitetos deste país lidam com grandes dimensões, estruturas ousadas, espaços monumentais; e, por outro lado, com a maior dificuldade ou necessidade de esforço maior, que encontram quando a escala se minimiza para o detalhe. O modo discreto e contido dos japoneses usarem seu espaço pode decorrer do fato de serem ilhotas vivendo em elevadas densidades, à semelhança de outras ilhotas: os ingleses.

Como vemos, o espaço é a matéria-prima do arquiteto, mas também é um fator não estranho a outras disci-

(3) Repetimos a utilização para "cultura" de uma definição da antropóloga norte-americana Margareth Mead: "é tudo aquilo que o homem não pode mais esquecer".

(4) HALL, Edward T. *The Hidden Dimension.* N. York, Anchor Books, 1966.

Idem. The silent language. N. York. Doubleday & Co. 1959.

plinas, como a Antropologia Cultural; por isso pensamos que essas ligeiras observações sobre a relação entre o homem e o espaço são oportunas como introdução a um último capítulo em que abordaremos a questão da interdisciplinaridade em urbanismo e a formação profissional.

9. UNIVERSIDADE: UMA ESTRUTURA PARA APRENDIZADO PERMANENTE E A PRODUÇÃO DO CONHECIMENTO

"Educação é assunto por demais importante para que o deixemos exclusivamente aos educadores."

P. F. DRUCKER

Nos capítulos anteriores ficou patente que para a justa apreensão da situação – para distinguir o que há de *substantivo* e o que há de meramente *adjetivo* – faz-se mister um adequado instrumental de interpretação. Este instrumental deve permitir uma apreensão global de determinada estrutura, assim como a identificação de sua dialética interna e sua inserção num esquema referencial. O instrumental é importante para a compreensão da realidade assim como para a proposição de estratégias que objetivem a modificação dessa realidade.

Costuma-se dizer que, para uma análise tão abrangente, o instrumental deva ser *multidisciplinar, gestáltico, integrado* ou outra terminologia análoga, sempre evidenciando o fato seguinte: nenhuma disciplina isolada poderia, com sucesso, retratar em toda sua riqueza e potencialidade uma situação realmente significativa para o desenvolvimento.

Algumas conclusões se impõem. Em primeiro lugar, a falta que está fazendo, para a maior parte das disciplinas, um maior embasamento filosófico, fornecendo um quadro referencial abrangente, possibilitando maior coerência entre as partes e permitindo sua crítica e periódica superação a partir da compreensão das premissas filosóficas do assunto criticado.

Universidade dividida

Em segundo lugar, percebem-se cada vez mais as insuficiências de uma Universidade dividida e estruturada segundo profissões, apenas dedicada à diplomação. Esta constatação não é nova. Além dos movimentos de rua de Paris e outras capitais, em 1968, resultantes da explosão crítica ao sistema universitário, observam-se outras constatações desta situação insatisfatória.

No Brasil, sucessivas e recentes reformas universitárias abordaram criticamente as carências e descompassos entre Universidade e exigências sociais de país em rápido desenvolvimento. Foi abolida a cátedra vitalícia, fundiram-se aulas de mesma matéria, anteriormente lecionadas repetidamente em cada faculdade, criaram-se institutos de pesquisas e multiplicaram-se os cursos de pós-graduação. Medidas válidas e na direção certa; sintomas de mudança; mas, a nosso ver, ainda elidem ou deixam de definir com precisão a verdadeira natureza do problema: a defasagem existente entre as necessidades da sociedade atual e a atual conceituação do papel social e *estrutura* básica da Universidade.

Conhecimento é compreensão mais informação

No Brasil, como nos demais países, o grande aumento de informações, o desenvolvimento tecnológico, a necessidade de queimar etapas – necessidade esta conscientizada e acirrada pela rapidez com que o globo se transformou numa única aldeia – são todos dados de realidade que dramatizam a urgência com que todas as instituições necessitam de maiores conhecimentos.

Papel do conhecimento

Conhecimento significa mais do que informações ou dados. Conhecimento é, na definição de Drucker, a "organização sistemática de informações e conceitos". Para tal organização é indispensável a compreensão dos fenômenos, isto é, a apreensão de sua dinâmica interna, a identificação das partes substantivas de sua estrutura, o relacionamento dessa estrutura com as demais etc. A informação ou dados sem esta compreensão global e profunda é tão precária quanto o contrário: uma visão geral, intuitiva, porém carente de informações precisas.

Mesmo sem aprofundar a relação biunívoca entre informação e conhecimento, convém lembrar dois aspectos do problema, ambos limitando a importância básica de dados estatísticos. Em primeiro lugar, o conhecimento raramente decorre do mecânico e isolado acúmulo de dados; a acumulação de dados pode também acarretar o impasse, a indigestão e o imobilismo. Em segundo lugar, em países carentes de dados e com dinâmica de crescimento como a do Brasil, a obtenção de conhecimentos não pode deixar de, inicialmente, apoiar-se fortemente em compreensões globais e lançamento de hipóteses, às vezes ousadas, as quais dirijam a busca de dados para alguns setores privilegiados pelo pesquisador; estes dados parciais poderão confirmar ou corrigir a hipótese, realimentando o processo de conhecimento, como vimos em capítulos anteriores.

Para alcançar esta compreensão, capitalizando suas potencialidades, uma instituição (seja ela governo, correio, sindicato ou escola), assim como qualquer outro tipo de organização, neste mundo de organizações (seja ela uma rede de supermercados, um time profissional de futebol ou uma indústria), fariam bom uso de uma organização que se dedicasse precipuamente à *elaboração de conhecimentos.* Esta organização chama-se Universidade. Contudo, para efetivamente cumprir estas tarefas sociais, ela possui hoje apenas algumas das características que seriam necessárias.

A estrutura centenária

Drucker[1] descreve bem a atual estrutura do ensino superior. Ela ainda reproduz os conceitos básicos da velha École Politechnique de Paris, criada em 1794, primeira escola técnica, cristalizada na era napoleônica e que dividia os conhecimentos universais em algumas disciplinas claramente definidas.

O politécnico

Durante o século passado, era possível na Europa, atendendo às exigências da Revolução Industrial, metodizar praticamente todos os conhecimentos de Mecânica, Química, Filosofia, Matemática etc. Era viável pensar que, escolhida uma carreira, fosse possível durante alguns anos de estudo assimilar e mesmo memorizar todas as informações então conhecidas, necessárias à vida profissional. O "politécnico" egresso dessa Universidade parecia efetivamente responder às expectativas da sociedade em início de rápida industrialização.

O ensino universitário de hoje pouco alterou esta concepção politécnica; em que pese a extraordinária complexidade resultante da multiplicação e simultaneidade informativa acarretadas pela comunicação de massa. De Gutenberg (1450) até o fim da Segunda Guerra Mundial, foram impressos cerca de 30 milhões de livros. De 1945 até esta data, portanto em menos de 30 anos, outro tanto!

No entanto, apesar da explosão informativa, ainda não se observam na estrutura do ensino superior alterações qualitativas básicas; em que pese as reformas, adaptações e correções tópicas realizadas em muitas Universidades, em decorrência das pressões e demandas de empresas de setores do governo ou da sociedade em geral.

A estrutura universitária é anacrônica em dois sentidos: não responde satisfatoriamente às necessidades da sociedade e não incorporou o fato novo representado pela informação e comunicação de massa. No que diz respeito à função da Universidade, observem-se alguns exemplos: 90% dos remédios hoje existentes não eram conhecidos há 40 anos; no entanto, o ensino da Medicina é hoje

(1) DRUCKER, P. F. *The Age of Discontinuity*. Londres, Ed. Heinemann, 1969.

estruturado de forma semelhante à do tempo de Pasteur. A crescente autocracia mundial, as experiências socialistas, a conquista do espaço, a exploração industrial dos mares, a descolonização mundial, encarecem a necessidade de novos conceitos jurídicos e políticos; no entanto as escolas de Direito seguem fundamentando seu currículo no "direito romano".

Por outro lado, ainda imaginamos este ensino superior como um período de quatro ou cinco anos em que o indivíduo deva apreender informações e aplicar potencialidades ao máximo, como se fora essa a *única e última* oportunidade para o metódico aprendizado de uma especialidade profissional.

A extensão universitária

Tem-se percebido a insuficiência desses 4-5 anos para a finalidade utopicamente pretendida; queixam-se freqüentemente, alunos e professores, da dicotomia existente entre currículos escolares e as exigências profissionais "lá de fora". Mas o remédio mais usual nos parece débil: a extensão do período de aprendizado por mais 1-2 anos de pós-graduação. A nosso ver é uma tentativa bem intencionada mas que ainda deixa de enfrentar a realidade da nova situação; a extensão é uma mera reformazinha no setor universitário, não corresponde a uma alteração substantiva; ao contrário, a pós-graduação mesmo nos termos abrangentes e disciplinadores adotados no Brasil em 1974, visando o desenvolvimento da pesquisa, confirma a estrutura e os conceitos universitários vigentes. Ela reconhece implicitamente a necessidade de "mais aprendizado". Mas continua a considerar este aprendizado como passível de ser adquirido antes, isolado da prática profissional e num período limitado.

Pós-graduação

A estruturação recente, em escala nacional, de pós-graduação, mestrado e doutoramento, tem inegavelmente a virtude de melhorar o nível profissional e científico dos egressos. E de equilibrar, de algum modo, a dificuldade de manter um bom nível nos cursos de graduação face ao extraordinário e súbito aumento de alunos.

Mas, por outro lado, tem dois vícios: elide o cerne do problema, a necessidade de outra conceituação e estrutura para a Universidade em nossa sociedade; em segundo lugar, adia o momento em que o universitário se torna produtivo, como profissional, para a sociedade. Este adiamento é particularmente grave se considerarmos a carência de quadros em tantos campos novos requeridos pela crescente complexidade de nosso desenvolvimento. A extensão universitária, como ela é concebida, contradiz portanto aquele interesse social representado pela entrada no circuito da vida dos adultos, desse quadro privilegiado que, durante o curso, paradoxalmente encerramos num inoperante parêntese.

O semi-adulto universitário

Que significa a Universidade encarada como parêntese social? O universitário brasileiro (e latino-americano) cada vez mais numeroso pertence ainda a uma classe média que valoriza extremamente o diploma superior pois que, de fato, no teste da realidade, é este caminho o melhor para obter *status*, empregos e salários iniciais mais elevados. Em países desenvolvidos este fato é axiomático, talvez por razões diversas das nossas; mas o resultado é patente: a seleção de empregos iniciais e salários mais elevados baseia-se na existência de formação universitária, sua graduação e, cada vez mais, sua pós-graduação. Nos EUA para obter uma boa colocação já não basta ser diplomado, é preciso possuir um Ph.D. A corrida à Universidade ocorre inclusive em países desenvolvidos em que são pequenas as diferenças salariais, como na Suécia e em Israel; revelando existir, para esta corrida, outras motivações que não as estritamente salariais. Os países pós-industriais não estão longe de um sistema social meritocrático em que uma hierarquia de valores venha a ser estabelecida segundo créditos de formação universitária. Mas este não é o problema central deste capítulo.

As inquietações

O universitário brasileiro é um jovem adulto de fortes inquietações sociais. Por um lado, por razões psicológicas, suas inquietações individuais, sua ânsia de afirmação se projetam sobre grandes e recém-descobertos problemas nacionais: a injustiça, a fome, a produção, o petróleo, a soberania, o indígena etc. E, por outro lado, pela elevada mobilidade física e social da população hoje urbanizada, fornecendo um alargamento de horizontes dessa realidade e uma inquietação, justa e constante, motivada pela tomada de consciência da multiplicidade dos problemas e das distorções nacionais.

Nesta idade, e notadamente na peculiar situação de "adulto-sem-compromissos", o universitário atua com extrema impaciência e vivacidade o seu sentimento de culpa quando não consegue tolerar e conter a tensão nele causada pelos dramas que infelicitam o homem. Sua condição de brasileiro economicamente privilegiado – a ponto de ter conseguido chegar ao curso superior – justifica tanto o sentimento de culpa como a vontade de alterar toda a situação de privilégios. Este sentimento de culpa é acirrado a nível consciente pelas informações e compreensão que resultam tanto do polêmico ambiente universitário como do amadurecimento individual.

Reflexão ou irreflexão

Estabelece-se então a opção de "pensar" estes problemas, elaborando o sentimento de culpa e transformando-o em conhecimento e práxis, como também surge a opção da *atuação irrefletida* em lugar da elaboração mental; essa atuação dá margem à submissão emocional, à violência (agressividade não criativa) e a outros modos com que o indivíduo procura superar suas ansiedades sem enfrentá-las com lucidez. Nesta forma de suposta superação ocorre geralmente um deslocamento do problema que causa a ansiedade.

Reflexão e práxis social ou irreflexão e atuação. Entre estas alternativas, onipresentes, ondulam as comunidades universitárias com veemência e vitalidade. Em Paris, a irreflexão, num claro exemplo de "doença infantil do esquerdismo", arrancou as portas que vedavam os sanitários da Universidade de Nanterre, a fim de "acabar com o pudor pequeno-burguês"; por outro lado, a reflexão, acabou moldando na mesma Universidade algumas das melhores estruturas flexíveis e criativas para a pesquisa.

É claro que nem tudo no mundo se deve exclusivamente à reflexão. Como escreveu Paul Valéry: "O homem vale por seus extremos, mas a humanidade avança pelo meio". Porém, na medida em que as Universidades pretendam um atuante papel social, é de se desejar obter certa economicidade de meios para alcançar seus objetivos; para tal, parece que a alternativa de uma práxis baseada na reflexão seja mais eficiente do que uma exteriorização emocional dos sentimentos justiceiros de sua comunidade.

Estas opções, no entanto, não dependem exclusivamente da estrutura psíquica de cada indivíduo. Também depende da estrutura repressiva das instituições. "O papel do estudante é estudar" – é frase comum aplicável a qualquer fase do ensino, inclusive à do universitário. A sociedade e especialmente os governos, independentemente do regime político, não costumam dar ao universitário o direito de participação ao nível de suas ansiedades, de seus interesses e mesmo de sua capacidade. Procuram, isto sim, encerrá-lo num *parêntese social;* um mundo pouco natural em que só convive com seus iguais: uma estranha situação de desligamento do resto da sociedade. O universitário adulto é um cidadão sem plenos direitos à participação efetiva (como a mulher, diriam as *women lib*). A Universidade é mantida como um mundo à parte. Neste sentido, a construção de *campi* universitários isolados – fora ou na periferia de cidades – talvez obedeça a outra exigência e conceito do que a necessidade de considerável área para seus edifícios: a de marginalizar os universitários, alunos e professores, dos demais cidadãos.

A estupidez do isolamento

Além da injustiça desta situação, que é universal, ela é, no caso do Brasil, de uma soberba estupidez, por desperdiçar a possível participação de uma parcela descomprometida e extremamente motivada e atuante de nossa sociedade.

O equívoco, se equívoco houve, é mais profundo. Supõe-se que sem a "distração" de uma participação em problemas nacionais este adulto seja incentivado a "estudar mais", a "concentrar-se em suas tarefas". Quando na realidade é precisamente a crescente compreensão dos problemas nacionais que vitalizam o *élan,* motivam a vontade de encontrar soluções. O desalento tão freqüente nos meios universitários de hoje é, a nosso ver, uma prova de que a diminuição da participação universitária diminui a motivação necessária ao aprendizado. Ao isolar a Universidade, pioram-se as condições de aprendizado em lugar de aumentar o interesse pelo estudo.

Conotações políticas

Não finjamos ingenuidade. O interesse em manter o universitário em parêntese social sempre teve, em qualquer país, conotações políticas. Percebem-se, contudo, interesses conflitantes nessas conotações: para a mera preservação de determinada estrutura de poder, entende-se o interesse de um governo de, a curto prazo, diminuir a participação, abafar inquietações mesmo com o risco de diminuir a criatividade. Porém, a longo prazo, a única segurança de um poder reside precisamente em sua capacidade de transformar e de criar as inovações necessárias ao desenvolvimento da nação; e para tal é preciso inquietação, crítica, participação e criatividade. Em outros termos: uma repressão aumenta a segurança a prazo curto; a longo prazo é um suicídio político. No primeiro caso temos um aspecto circunstancial, conjuntural; no segundo caso um aspecto estrutural básico.

Note-se que, para aprofundar este aspecto, seria preciso distinguir com clareza categorias diversas: nação, Estado, governo e poder. Esta distinção, sem dúvida importante, não é aprofundada neste capítulo, recomendando-se contudo os subsídios fornecidos por autores especializados, por certo mais competentes.

Além das conotações políticas acima mencionadas parece, no entanto, que a manutenção da estrutura básica oitocentista da Universidade preserva ferrenhamente suas limitações e isolamento, graças a um processo reativo contra o "mau uso" que a sociedade (leia-se conforme o caso: "o regime", "o governo", "a burocracia estatal" etc.) vem fazendo da produção de conhecimentos universitários.

Necessidades sociais e Universidade

Vimos que tanto a estrutura existente como alguns dos remédios recentes mais usuais não constituem ainda a mudança necessária. A estrutura está superada e os remédios a corrigem sem alterá-la. Nem um nem outro encaram a realidade das *necessidades sociais* como ponto de partida para uma avaliação. Tem-se, aliás, confundido necessidade com demanda. Fizeram-se no Brasil pesquisas sobre a atual demanda profissional, concluindo-se até pela próxima saturação de algumas profissões. No entanto, nem sempre coincidem as expectativas do momento e as efetivas necessidades. Ainda não se investigou o mundo das necessidades para o desenvolvimento, implicando atividades (e profissões) básicas e que criarão demandas hoje ainda não sentidas, conscientizadas, quantificadas. Para encontrar a solução, isto é, a coincidência entre necessidade e demanda, seria necessário partir da identificação das necessidades emergentes e futuras da sociedade brasileira, para em seguida examinar sua implicação na estruturação de uma Universidade ideal e a relação desta com a Universidade hoje existente.

Partimos, portanto, do pressuposto de ser possível estabelecer uma estratégia nacional de desenvolvimento; o estabelecimento de alguns objetivos suficientemente abrangentes para incluir recursos e especificidades territoriais, assim como situações e expectativas sociais. Tentemos exemplificar, apenas para melhor ilustrar nossa tese. Fixemos, por exemplo, algumas situações emergentes para, a seguir, retroceder para a situação atual e tentar propor qual seria a universidade necessária.

Alguns exemplos

1º exemplo: "Mare nostrum"

Com extensão de 9 200 km de litoral, correspondendo a um perímetro envolvente de 5 864 km, e 200 milhas de pretendida jurisdição, possui o Brasil cerca de 2 milhões de km^2 (4 vezes a França, 7 vezes a Itália, 100 vezes Israel) de oceano próprio[2]; celeiro, agricultura, mineração submarina, produção de alimentos, pesca, extração petrolífera, dessalinização, produção de energia

(2) É preciso, contudo, não se iludir com esse tamanho; a nível de produtividade o mar também tem seus desertos; e neste sentido o mar brasileiro parece não ser tão rico. Leia-se: PAULO MOREIRA DA SILVA, *O desafio do Mar*, Rio, Ed. Sabiá, 1970.

atômica acoplada à dessalinização e ao aquecimento de camadas profundas, ressurgência de filoplânctons e cultivo em águas rasas, pesquisas científicas – estes são apenas os primeiros setores de conhecimento e produção que o Brasil pode tirar desse extraordinário potencial natural. Ou deixar como está...

2º exemplo: Potencial de produção agrícola moderna

A vastidão da área agrícola e o sistema ainda pré-capitalista da exploração da terra têm impedido a transformação da agricultura em uma produção agrícola de caráter capitalista moderno: nesta, a terra, fertilizantes, sementes, água etc., são todos insumos de um processo planejado cujos instrumentos de produção são: gente, capital e equipamento; e cujo produto final é alimento. E divisas. A transformação da agricultura pelo aumento da produtividade, com consideráveis inovações tecnológicas, que ocorreu nos EUA no começo do século, ainda não se faz sentir entre nós como necessidade emergente. E quando se faz utiliza-se tecnologia cara, via fertilizantes, e grave endividamento nacional, em lugar do reexame e adequação tecnológica a nossas condições específicas. No entanto, somente a alteração desta situação poderá modificar o quadro comparativo atual: a produtividade agrícola norte-americana chega a ser de 10 a 25 vezes maior que a de áreas subdesenvolvidas.

Esta situação representa inegavelmente um grande e doloroso atraso social e econômico. Abordar o tema dentro do quadro referencial complexo e multidisciplinar da criação de sistemas agrícolas de produção planejada, enfrentando corajosamente a melhor utilização da fotossíntese e menor dependência dos derivados de petróleo e de uma adequação tecnológica de alimentos. Ou deixar como está...

3º exemplo: Dinâmica da urbanização

O índice médio de urbanização no Brasil alcançou nos últimos 10 anos cerca de 4,6% ao ano. Prevê-se que em 1980 a porcentagem de população urbana alcance 54% (contra 40% em 1960)[3]. Em algumas capitais este índice é muito elevado, revelando que, além da urbanização,

(3) Fonte: *Boletim Demográfico*, Ano 2, n. 3, CELADE, janeiro de 1969.

existe crescente concentração da população brasileira (que cresceu a 3,14% ao ano, em alguns municípios grandes e urbanizados; por exemplo:

	População 1960	*População 1970*	*% média de aumento ao ano, entre 1960-1970*
São Paulo (mun.)	3 825 351	5 901 533	5,427
Goiânia	153 505	388 926	15,336
Fortaleza	514 818	872 702	6,951
Belo Horizonte	693 328	1 232 702	7,779

O fenômeno da urbanização e a concentração de populações têm um significado qualitativo importante: há um grande potencial nesta migração, mudança de hábitos, vontade e necessidade de "conquistar" a cidade, esforço de nela se ancorar por meio de emprego e casa própria, conflitos de gerações e importância dos meios de comunicação de massa. Encontramos novamente um grande potencial humano a estudar, avaliar e utilizar[4].

Por outro lado, a urbanização prevista acarreta custos elevadíssimos. Somente no Vale do Paraíba estimou-se, em 1973, em 180 bilhões de cruzeiros (o equivalente a 600 transamazônicas...) o dispêndio de urbanização para os próximos 25 anos: pavimentação, drenagem, esgoto, abastecimento de água e energia[5].

Além dos problemas locacionais inerentes ao planejamento, abre-se aí uma imprescindível investigação científica e tecnológica: que alternativas podemos inventar para os sistemas de infra-estrutura urbana, a fim de permitir obter outros custos e outros tempos de execução? Ou deixar como está, adiando a investigação e agravando a crise...

(4) Em subsídio à Estratégia de Governo, elaborado em 1974, constatou-se que a média de rendimentos familiares de imigrantes em S. Paulo, ultrapassava, depois de 2 anos, a renda das famílias "locais" do mesmo estrato.

(5) Simulação feita por C. Deak e V. Link.

4º exemplo: Floresta e cerrado, nossa natureza

A floresta brasileira é extensa. Temos dado a ela um tratamento típico porém estúpido: a derrubada e a queima. A relação entre homem brasileiro e floresta é de tradicional hostilidade: a floresta européia medieval era o reino dos duendes, demônios, lobos e demais perigos; a floresta do brasileiro era também um território misterioso cheio de perigos: maleita, serpentes, onças e índios. Civilizar (e sobreviver) implicava derrubar.

Existe ainda hoje a figura do pioneiro, do desbravador que sempre tem um "oeste" pela frente, para abrir fazendas novas. O espírito e dinâmica do desbravador e pioneiro de hoje talvez estejam insuficientemente conhecidos. Mas o resultado de sua atuação é hoje identificado como um ataque ao equilíbrio ecológico, graças à inadequação tecnológica ou à inexistência de uma política e estratégia suficientes e adequadas. Estas requerem conhecimentos.

O que sabemos sobre a Ecologia, as potencialidades, as formas de utilizar os recursos naturais da floresta tropical e do cerrado que cobrem dois terços do Brasil? A investigação dos processos de fotossíntese da enorme biomassa florestal, da possibilidade de extração de proteínas das folhas, da utilização de ciclos ecológicos na cadeia animal, dos sistemas de reposição de recursos naturais, da aculturação ou não do índio, de formas de habitação e transporte adequados ao clima e características edáficas, são todas imprescindíveis para o desenvolvimento brasileiro.

É por isso, sumamente alentador o conceito básico da Universidade Federal do Mato Grosso, denominada "Universidade da Floresta", a qual, por meio do *campus* avançado da Cidade Humboldt, em Aripuanã, dedica-se ao estudo e à produção de conhecimentos sobre a Amazônia. Com exceção deste caso e de alguns estudos isolados, a Universidade e a sociedade permanecem alheias ao problema.

5º exemplo: O problema energético

Está bem: há 20 anos fugiam os universitários brasileiros da polícia que dispersava comícios em que se gritava "o petróleo é nosso", exigindo a criação de um monópolio estatal que combatesse as "7 irmãs" monopolistas. Hoje, o presidente da República é um ex-presidente da Petrobrás, o monopólio estatal antes exigido aos berros. Os tempos mudaram; tanto melhor. No entanto, nada disso pode garantir-nos a existência de reservas suficientes de hidrocarburetos; nem nos garante contra a dependência, neste setor, de políticas e conjunturas comandadas à nossa revelia[6]. O problema energético é vasto; a chamada crise do petróleo não foi prevista por economistas e políticos e está apenas circunstancialmente ligada à guerra entre Israel e países árabes. A escassez do recurso natural petrolífero é relativa, mas a perda de valor do dólar e, especialmente, a inflação mundial são fatos[7].

Um conluio?

Face à flutuação de valor das moedas e uma inflação generalizada surgiu um inquietante e estranho sistema de trocas; a venda de petróleo correspondeu à compra de outros recursos: cobre, urânio, ferro, níquel, terra urbana; recursos cuja escassez, face ao aumento do consumo e produção, garantiria a manutenção de valor e custo. Teria havido um conluio entre xeques árabes, as grandes companhias petrolíferas, as duas grandes potências, EUA e URSS, possuidoras de consideráveis reservas em hidrocarburetos? De qualquer modo, a crise aguçou situações de dependência, golpeou profundamente a competitividade econômica da Europa e do Japão, e consumiu em cinco meses metade das reservas cambiais acumuladas pelo Brasil durante sete pacientes e ativos anos de intensa exportação.

A economia mundial já enfrentava graves problemas monetários em 1973; os negócios cresciam muito mais do que a mineração de ouro, pondo a nu a vacilante condição desse padrão monetário. Contudo, a partir de outubro de 73, surgiu um deslocamento de monopólios energéticos *das 7 irmãs petrolíferas para os 12 governos da OPEP*[8]. Neste súbito deslocamento de poderio monopo-

(6) O texto foi escrito antes da descoberta da jazida em Campos. Mas este fato novo não invalida a argumentação.

(7) Parafraseando a frase de um analista norte-americano que disse "A escassez de petróleo é uma ficção; mas a crença nesta escassez é um fato".

(8) As chamadas 7 irmãs são as empresas Exxon, Standard, Gulf, Texaco, Mobiloil, Shell e British Petroleum. Os 12 membros da OPEP são: Venezuela, Arábia Saudita, Kuwait, Irã, os Emiratos árabes, Argélia, Líbia, Iraque, Qatar, Gabão, Nigéria, Equador, Indonésia.

lista, estas 12 nações subdesenvolvidas apresentam as seguintes alterações nas contas de petrodólares a receber:

	Bilhões de dólares
1972	15
1973	25
1974	80

A lição deveria, a rigor, encaminhar investigações substantivas sobre formas alternativas de obtenção de energia: a energia solar, a energia atômica, o ciclo do hidrogênio etc. Estas pesquisas de fato já se iniciaram[9] e mereceriam ser consideradas centrais para o desenvolvimento nacional. Ou deixar como está, queixando-nos no futuro de nossa situação de dependência. . .

Conclusões

Limitemo-nos a estes cinco exemplos. Falamos em potencial e mencionamos existir as opções de utilizá-lo ou deixar como está. Isto implica antes de mais nada *conhecimento:* do significado do assunto para o desenvolvimento nacional; dos elementos significativos de sua estrutura; da dinâmica que lhe é inerente; das formas de maximizar os elementos, isto é, de otimizar produtividade; da viabilidade do processo e do produto final; do seu provável resultado a nível econômico e social; do seu significado cultural.

Multidisciplinaridade

O leque e integração de conhecimentos necessários em cada um dos exemplos acima implica reconhecer a *multidisciplinaridade de conhecimento requerido.* É fácil imaginar, naqueles exemplos que cada "disciplina" tradicional (Biologia, Economia, Arquitetura, Agronomia), contribuirá apenas parcialmente à compreensão do problema. Torna-se óbvia a necessidade de reunir disciplinas diversas para conhecê-lo. Isto tem sido feito ocasionalmente ao se criarem "institutos" dedicados a um problema emer-

(9) Nas Universidades de Campinas (SP) e da Paraíba, no Instituto de Energia Atômica da USP, em pesquisas patrocinadas pela FINEP etc.

gente. (Como, por exemplo, a recente criação da Fundação do Estudo do Mar, em Cabo Frio.) Porém, ainda não de forma global, consciente, sistemática; e certamente não na escala da necessidade; atende-se aqui ou acolá às pressões da realidade, ou a pressões de cientistas de visão; mas não se percebe que esta pressão encaminha e enseja a transformação básica e total da Universidade: sua estrutura, sua função e seus objetivos.

O receio do entrosamento

Esta transformação estrutural (que reconhecemos tão necessária quão difícil) não é apenas dificultada por miopias ou hesitações governamentais. Há também justificado receio por parte das Universidades em propor alterações que impliquem um maior entrosamento com as necessidades nacionais. Pois é claro que a determinação do que é "necessidade", implica um vasto jogo de interesses. Mas o reconhecimento da existência de interesses econômicos e políticos não pode impedir a abordagem do problema. Nenhum isolamento da Universidade poderá impedir a existência desses interesses; por outro lado, este isolamento atrasa o desempenho por parte da Universidade de seu papel social preponderante: o de produzir conhecimentos substantivos para o desenvolvimento. Em que pese os riscos, portanto, deve-se entrar no escorregadio campo da *autonomia universitária,* distinguindo-se, porém, desde já, isolamento e autonomia de um lado e liberdade de criação, pesquisa, expressão e informação de outro.

Tocar neste assunto, no Brasil, dentro de uma conjuntura em que a Universidade tem sido olhada com desconfiança por certos setores da fração dirigente, parece um convite a receber violentas críticas. De muitos lados.

Autonomia e alienação

Mas não tememos palavras; tememos a alienação da Universidade em relação à realidade, pois esta alienação é injusta para com os profissionais que saem despreparados da Universidade; e injusta para com a nação que necessita, com urgência, da contribuição do conhecimento que só pode desenvolver-se adequadamente em ambiente universitário.

A autonomia é definida como não-interferência das demais instituições – notadamente do governo – nas decisões sobre objetivos e métodos da organização universitária. Antigamente a luta pela autonomia implicava a certeza de que somente professores sabiam para que serve a Universidade. Terão hoje diretores e professores tal certeza e existirá entre eles consenso sobre objetivos?

Medos mútuos

A desconfiança governamental baseia-se no medo de que crítica, investigação, polêmica, livre produção de conhecimentos, fatalmente questionem a legitimidade do poder. Por outro lado, o encastelamento da Universidade também parece solução nascida do medo. Receio de uma abertura e de um compromisso com metas nacionais a ponto de acarretar certa perda de controle. Medo de inovação e dos deslocamentos de pequenos poderes em decorrência de inovações.

Pensamos que estes receios passarão a ser justificados se a abertura não partir da Universidade. Se esta, em lugar de assumir a *iniciativa e liderança* de sua transformação, permitir que outras instituições, provavelmente o governo, intervenham nela, ao se impacientarem ou pretextarem se impacientar com seu isolamento, baixa produtividade e inoperância. Nesta hipótese uma tentativa de reestruturação precipitada poderia resultar em fracasso, acarretando uma dependência a médio prazo.

Inegavelmente, no medo existente de ambas as partes, a maior responsabilidade pela situação de congelamento cabe a quem, por deter o poder, tem maior amplitude de ação. E se órgãos do governo ainda não conseguiram propor alterações substantivas e satisfatórias, os motivos talvez se encontrem além dos interesses conjunturais de segurança: em pequenos e setorizados vícios inerentes às organizações governamentais. Vícios e mediocridade investidos do poder, atuando uma perene desconfiança que leva, na melhor das hipóteses, à imobilidade.

Perversões institucionais

Por outro lado, como na instituição governamental e como em toda instituição, a Universidade também cultiva perversões. E muitos dos medos e problemas neuróticos de alguns dirigentes acabam sendo os problemas dos departamentos, das faculdades e de toda a Universidade. Inveja, ciúme, delação, agressão, ódio: são adjetivos de comportamento que passam de forma disfarçada dos indivíduos para as instituições. Além dos problemas exógenos acima referidos, a Universidade fechada resulta dessas perversões institucionais escondidas atrás do biombo de uma retórica que, para nosso desespero, chega, por vezes, a ter uma formulação democrática.

A esta retórica não estão indenes os estudantes. Citemos um exemplo: lutam por uma Universidade gratuita por considerar esta gratuidade o verdadeiro símbolo de sua condição democrática. A intenção igualitária é generosa, mas a análise, superficial; não se pode esquecer que afinal de contas a seleção econômica é feita antes. A anuidade de um curso preparatório chega a Cr$ 6 000[10], ao qual se acrescenta um valor médio de Cr$ 6 000 correspondente ao último ano do ciclo colegial. A anuidade universitária federal, no entanto, é de apenas Cr$ 100 (matrícula). Com o fato agravante do cursinho e colégio serem particulares, enquanto boa parte das Universidades são públicas. A alegação de democratização do ensino está por isso, neste particular, mal colocada ou, pelo menos, insuficientemente analisada.

Apontamos, nas linhas acima, a existência de responsabilidade da própria Universidade na situação de isolamento. Mas é importante e justo, no entanto, salientar tanto o aspecto reativo deste isolamento, quanto a responsabilidade de setores conservadores, seja dentro de Universidade, seja na fração dirigente dos governos; estes setores, sempre preocupados com a conservação da situação, portanto, do imobilismo, têm pressionado direta e indiretamente a Universidade, ocasionando múltiplas formas de repressão. A luta contra a subversão, isto é, contra uma alteração violenta do *status quo*, tem também servido, ocasionalmente, como máscara a repressões mesquinhas e particulares. Tal situação eriça, inevitavelmente, as defesas e a pretensa autonomia como preservação intelectual justificada por uma conjuntura perigosa.

(10) Em 1975, ao câmbio de US$ = 8,45.

De qualquer modo, o resultado dessas perversões institucionais internas e externas afastam a Universidade do necessário caminho de entrosamento direto com as necessidades sociais do desenvolvimento.

A administração da Universidade

A dificuldade em enfrentar a realidade das necessidades desenvolvimentistas da sociedade decorre também de um detalhe. Na atual estrutura, dignos cientistas e professores passaram a ter que administrar suas cadeiras, seus departamentos, laboratórios e escolas. Freqüentemente o fazem mal ou o fazem bem, mas à custa do abandono de suas tarefas de cientista ou professor. Não se trata de insuficiência ou incapacidade e sim, simplesmente, de *inadequação*. Por que devemos esperar que um brilhante etnólogo seja um brilhante administrador? A administração das instituições de ensino é uma promissora profissão a ser estimulada. É comum encontrar-se a situação em que o catedrático, ciumento de seu departamento, se nega a subestabelecer ou a confiar na administração de outra pessoa. Assemelha-se à situação do industrial *self-made* que não aceita que outro possa saber melhor como gerir sua fábrica. Ou, para usar outra analogia, a situação de um excelente engenheiro de manutenção de quem se espera o desempenho de excelente diretor financeiro da fábrica. A atual complexidade das organizações exige, para a otimização de seu desempenho, uma administração moderna. Como diz Drucker, ela deve ser controlada pela função e avaliada por seu desempenho. A Universidade também é uma organização complexa; ela se destina a *produzir* quadros qualificados, idéias, conhecimentos[11]. Deve fazê-lo com eficiência e eficácia, para sobreviver e para servir à sociedade.

Com base nas observações acima e, para melhor ilustrar nossa proposta, descreveremos abaixo qual poderia ser uma estrutura universitária adequada aos problemas do desenvolvimento brasileiro.

(11) Althusser, citado por Piaget, comenta o materialismo de Marx o qual, em contradição com o idealismo, define o pensamento com uma produção, uma espécie de prática teórica (J. PIAGET, *Le structuralisme*, Presses Universitaires, 1968).

Uma proposta de Universidade nova

Em primeiro lugar, pensamos que a Universidade viria a atender melhor às necessidades sociais de nosso desenvolvimento se, em lugar de sua esquizofrenação em escolas (e cadeiras) isoladas, ela fosse centralmente constituída por *institutos multidisciplinares* dedicados ao estudo, pesquisa e contribuição direta à solução dos problemas emergentes de nosso desenvolvimento.

Esta estrutura universitária seria estabelecida após a discussão e determinação de quais são os problemas básicos para os quais são necessários conhecimentos e conseqüentemente quadros profissionais. Desta discussão poderiam participar, inicialmente, setores governamentais; mas as decisões programáticas deveriam ser tomadas pela Universidade.

Ciência e tecnologia

Estes institutos abrangentes dedicar-se-iam, por definição, à ciência aplicada. Dentro deles, porém, existiriam necessariamente os laboratórios de ciência básica ou pura. Não se trata, por isso, de uma opção tecnológica em prejuízo da ciência. Nos dias de hoje isto já não é mais possível, pois mais do que nunca o "homem produtor" (isto é, a tecnologia) depende da invenção científica.

A ansiosa luta por magros recursos financeiros, entre departamentos universitários, tem enfocado o problema com uma rígida alternativa: ciência ou tecnologia. E a incompreensão e o pragmatismo de setores governamentais, preocupados com produtividade e exportação, têm enfatizado a tecnologia como se fora possível desligá-la da investigação científica pura.

Esclarecido nosso enfoque, retomemos o discurso segundo o qual a estrutura universitária teria centralmente institutos pluridisciplinares. Nestes, haveria também laboratórios de ciência pura que poderiam denominar-se centros *uniprofissionais.* Seriam a necessária redução das atuais "escolas"; tirando-lhes atribuições mais genéricas – melhor desenvolvidas em institutos pluridisciplinares – poderiam elas com mais objetividade e eficiência dedicar-se àqueles aspectos que permanecem específicos de cada profissão. Poderiam chamar-se de *laboratórios,* no senso lato, a fim de enfatizar o caráter especulativo de pesquisa especializada. Assim, as disciplinas isoladas passariam a ser o instrumentador de operações e não mais o chefe cirurgião que faz as grandes decisões. Ambos coexistem e se completam. Percebe-se, no entanto, a diferença básica no enfoque proposto: hoje a Universidade está estruturada para diplomar especialistas que cursam escolas isoladas dedicadas a uma especialidade; a Universidade existe para diplomar engenheiros, biologistas, arquitetos, isto é, para fornecer profissionais. Apenas subsidiariamente criaram-se alguns institutos dedicados a problemas abrangentes e multidisciplinares e à produção direta de conhecimentos.

Propomos inverter a ênfase: a Universidade como agrupamento planejado de instituições multidisciplinares de ciência aplicada, no seu senso mais lato[12], respondendo aos problemas socialmente reconhecidos como básicos para nosso desenvolvimento, possuindo também centros uniprofissionais ou laboratórios de ciência pura.

Os riscos

Há, neste caminho, incontáveis riscos a serem avaliados: o atrelamento de uma Universidade a interesses econômicos regionais, criando vícios e distorções; o desequilíbrio no poder decisório na fase de determinação sobre o que é substantivo ou privilegiado entre os diversos setores do conhecimento e do desenvolvimento; um pragmatismo que reforce o desprestígio das disciplinas aparentemente "não úteis" porque aparentemente não ligadas diretamente à produção.

Cremos, no entanto, que estes riscos sejam mais superáveis do que o risco da alienação ou do imobilismo. A lucidez sobre a existência de riscos poderá ensejar os instrumentos de sua superação. Mas a escamoteação do problema todo acaba marginalizando a Universidade.

(12) Para citar um exemplo, consideramos urbanismo uma ciência aplicada, congregando conhecimentos das áreas de: Filosofia, Sociologia, Antropologia, Psicologia, Economia, Geografia, Arquitetura, Engenharia, Medicina, Pedagogia.

A diplomação

Surgem, nesta inversão de enfoques, outros problemas: que diploma dar ao estudante que cursa, por exemplo, o "Instituto de Ciências da Cidade"? Seus membros serão provavelmente futuros arquitetos, engenheiros sanitaristas, engenheiros de tráfego e transporte, especialistas em comunicação e cibernética, paisagistas, psicólogos sociais, antropólogos, geógrafos, higienistas, administradores, advogados etc. Não há razão para eles deixarem de ter essas atribuições, essas especialidades profissionais. É provável que o geógrafo, para citar um exemplo, além da participação neste aprendizado multidisciplinar também desenvolva aspectos específicos de sua especialidade, seja em laboratórios, seminários ou aulas de metodologia. Para tal, a Universidade manteria o centro *unidisciplinar* (ou laboratório) dos geógrafos, para completar, em aspectos específicos e metodológicos, a formação e a informação tanto para o geógrafo do "Instituto da Cidade" como para o do "Instituto do Mar", o do "Instituto da Produção Agrícola" etc. Possivelmente o geógrafo, durante sua permanência (contínua ou descontínua) na Universidade, venha a trabalhar (aprender e produzir) em mais de um instituto, atendendo a seu interesse e curiosidade variáveis. Donde a necessidade dos centros unidisciplinares garantidores da formação de metodologias e técnicas especializadas.

Quanto à diplomação, não haveria problemas de monta na estrutura proposta. O sistema de créditos por semestres de estudo, por pesquisas realizadas, trabalhos apresentados, horas prestadas etc., permite hoje, em diversos países, uma formação e diplomação correspondente ao tempo individualmente necessário para alcançar suficiente grau de maturidade.

A comunidade universitária

A proposta de uma Universidade cuja estrutura esteja em consonância com problemas emergentes do desenvolvimento nacional repõe em questão também o problema das pessoas que atuam nesta organização.

Pensamos haver na atual situação, neste aspecto também, um anacrônico e por vezes nostálgico resíduo do século passado. A divisão da comunidade universitária em corpos discente e docente estabelece, no fundo, uma divisão bastante semelhante ao dos mestres e discípulos das primeiras escolas públicas. Essa divisão consagra uma organização que não nos parece adequada a uma Universidade dedicada a participar da vida da nação neste e no próximo século. Nem propicia a participação individual, nem garante suficiente permeabilidade às inquietações e necessidades etárias e sociais.

A divisão *professor-aluno* corresponde à dualidade *ensinar-aprender;* pressupõe teoricamente que o professor seja um mestre *onisciente* generosamente vertendo para o aluno – recipiente *ignorante* – toda informação e conhecimento disponível. Este retrato parece desfocado. Examine-se a realidade: boa parte da informação está em bibliotecas; o professor preocupa-se cada vez mais em ensinar "como aprender"; suas dúvidas são crescentes; o aluno freqüentemente possui uma vivência e informação mais abrangente do que o professor ou, pelo menos, de outra natureza; ele freqüentemente trabalha; sua percepção global do mundo é fornecida por meios de comunicação de massa que os seus professores desconheciam quando jovens. Em resumo: o aprendizado se realiza em função de diversos elementos, um dos quais podendo ser o ensinamento diretamente recebido de um professor.

Por outro lado, não se pode adiar o debate sobre os próprios objetivos, alcances e limitações do ensino chamado superior. Numa sociedade em que o conhecimento e sua produção serão substantivos, quais os requisitos básicos para a formação? Aprender *onde* estão as informações é mais importante do que memorizá-las; desenvolver *metodologias do aprendizado* é mais importante do que a apreensão de conhecimentos concebidos como produtos acabados; conceituar e definir qual o *papel social* de cada indivíduo que passa por uma Universidade é mais prioritário do que o apuro tecnológico formal.

Menos ensino e mais aprendizado

Propomos, por isso, enfocar o problema da relação aluno-professor de modo não habitual em Universidades, apesar de já existirem exemplos dessa abordagem em escolas de curso secundário. Em primeiro lugar, deve-se aceitar o fato de que Universidade existe basicamente *para apren-*

der e não como instituição feita para professores exercerem sua onipotente oportunidade de ensinar. Em outros termos, invertam-se as ênfases até hoje paternalistas: haja, por assim dizer, menos ensino e mais aprendizado. Em segundo lugar, considere-se a efetiva existência significativa de uma *comunidade universitária,* apesar de composta por indivíduos cuja diferença de idade resulta em diferença de experiência e de papéis a desempenhar. Em terceiro lugar, admita-se que os elementos desta comunidade deveriam compartilhar de objetivos análogos e comuns: *informar-se, formar-se, pesquisar e produzir conhecimento.* Nestes objetivos, há metas imediatas que podem ser diferentes, segundo o grupo de idade e experiência: os mais jovens objetivarão principalmente diplomação e emprego e os mais velhos objetivarão principalmente atualização e pesquisa.

Objetivos comuns e metas diferentes

Para alcançar estes objetivos comuns, propõe-se que os membros desta comunidade se organizem de forma eficiente; cada qual oferece suas contribuições, fortemente marcadas pelo grupo de idade, pelas aptidões individuais e pelas metas imediatas.

Ninguém se preocupa em ensinar, todos se preocupam em aprender. Um jovem traz suas ansiedades e sua inquietação intelectual, sua imaginação pouco informada mas, em compensação, isenta de qualquer barreira preconceitual. Outro traz uma experiência, no campo profissional, adquirida em prática anterior à sua entrada na Universidade. Um membro mais velho traz uma experiência organizada metodologicamente e que lhe permite inclusive de indicar fontes informativas. Finalmente, outro membro, mais experiente, engajado em uma pesquisa, transmite essa experiência e convida outros a dela participar.

Esta descrição parece ideal a utópica. Mas a situação acima proposta pode perfeitamente ser formulada num enquadramento institucional eficiente e organizado: os membros experientes da comunidade (antigamente chamados "professores") expõem um plano de trabalho por meio do qual e dentro do planejamento global da instituição pretendam aumentar seu grau informativo por meio de estudo e pesquisa, melhorar sua formação e produzir determinados conhecimentos. Este plano interessa à instituição universitária na medida em que ele se insere na estratégia extremamente abrangente de sua atuação, estratégia esta voltada para a produção de conhecimentos e participação social. Interessa, resultando, portanto, na contratação e remuneração desse membro experiente. Os membros menos experientes (antigamente chamados "alunos") aderem a este ou àquele plano de trabalho, de acordo com suas inclinações e compõem suas opções para a obtenção de créditos durante determinado semestre; estas opções resultarão na soma de créditos necessários para atingir um grau informativo suficiente, amadurecer sua formação profissional (a ponto de receber um diploma) e contribuir à produção de conhecimento. Não se exclui que um jovem, com uma capacidade ou experiência específicas, contribua fortemente ao conhecimento e à formação de um membro mais velho e experiente.

Um senso de realização

Em ambos os casos parece-nos importante que todos os membros da comunidade universitária tenham o *senso de realização;* que optem e adiram conscientemente a programas de trabalho, segundo seus desejos; que este senso de realização substitua uma enfadonha rotina e o cansaço e inoperância que decorrem de qualquer trabalho alienado.

Referindo-nos a uma "comunidade" universitária, parece oportuno esclarecer este termo, abrindo um parêntese em nosso discurso. O termo "vida comunitária" pode opor-se a "vida societária"; o primeiro era característico, por exemplo, da vida em aldeia isolada, em que os membros tinham um papel predeterminado e fixo no relacionamento social; a vida societária é a da cidade moderna, caracterizada pela fluidez, mobilidade e superação do destino predeterminado.

Por outro lado, o termo "comunidade" também tem sido usado como um ideal de comunhão de pensamento e objetivos sociais; esta conotação foi contaminada por posições idealistas que negavam a existência de conflitos (objetivos e subjetivos) e por interesses de dominância política; o termo adquiriu, por isso, a conotação de um paternalismo que escamoteia conflitos e divergências.

Colocadas essas ressalvas, postulamos a existência possível de uma comunidade universitária, definida como estrutura ou sistema, tendo objetivos comuns, alcançáveis mediante ações integradas.

Esta comunidade é um grupo secundário, estereotipado[13]. Nela se integram interesses e posições extremamente complexos. Encaminhar a Universidade para uma estrutura nova e aceitá-la como uma comunidade não constitui tarefa fácil. Porém, necessária. Sem a ajuda da percepção psicológica de sua dinâmica profunda, será difícil destrinchar o emaranhado de interesses e projeções mencionado neste capítulo. A instrumentação para esta percepção é mais um elemento a ser utilizado pela Universidade se desejar adequar sua estrutura às necessidades sociais.

Alguns problemas psicológicos

Em que pese o aumento do grau de satisfação individual decorrente do senso de realização dos membros, supomos que esta libertação de caminhos – seja para os mais jovens, seja para os mais velhos – crie problemas de relacionamento. Seria, por isso, desejável que fossem introduzidas na Universidade modernas técnicas psicológicas, como a criação de grupos operativos – manejados a níveis psicodinâmicos profundos – com o objetivo de diminuir aquelas tensões inter e intrapessoais que não fossem produtivas. Percebe-se que não estamos sugerindo objetivar a ausência ou repressão de tensões e sim a aquisição de um *insight* suficiente para que os membros da comunidade possam usar, do melhor modo possível, suas potencialidades criativas, evitando o desgaste e a inoperância que às vezes emperram um grupo.

As patologias das organizações

Voltamos, por isso, a mencionar as perversões institucionais. Os problemas emocionais estão visceralmente intrincados com as estruturas universitárias: neste sentido esta organização, como tantas outras, pode ser considerada hoje gravemente doente. É difícil localizar, em uma situação

(13) Segundo Bleger, no grupo primário (tipicamente a família) há ambigüidades de papéis enquanto no grupo secundário esta ambigüidade é aparentemente resolvida mediante forte formalização (BLEGER, José, *Psicohigiene y psicología institucional*, Buenos Aires, Ed. Paidos, 1966).

qualquer, onde está o interesse pessoal por gratificação intelectual; o interesse pessoal por aumento ou manutenção de poder e autoridade; a identificação de interesses pessoais com o futuro da cadeira, da disciplina, de uma pesquisa; a rivalidade e inveja entre pessoas, às vezes identificadas com departamentos ou posições científicas; as posições ideológicas e luta política interna; a defesa contra a insegurança resultante de inovações repentinas ou acumuladas; o oportunismo sancionado por razões de Estado, revestido por retórica de cunho falsamente patriótico.

Estas não são patologias exclusivas da organização universitária. Comparecem, em certo grau, em todas as organizações. Mas o problema é aqui mais grave porque o objetivo da Universidade é "produzir conhecimento", portanto pensar e criar. E o processo de produção do pensamento pode ser inibido ou deformado pelas patologias acima com conseqüências mais graves do que, por exemplo, no processo da produção de alfinetes.

Adaptação e integração

É, por isso, importante o estudo dos fatores psicológicos que estão em jogo na Universidade; seja para otimizar o potencial criativo da organização, seja para destrinchar e resolver os nós patológicos que emperram o seu aperfeiçoamento. É preciso identificar até que ponto a Universidade é regida pelos problemas pessoais que seus indivíduos projetam sobre ela, em lugar da sua realidade social. Esta confusão entre indivíduos (jovem ou velho, aluno ou professor) e a instituição resulta na confusão entre adaptação e integração. Segundo Bleger, "adaptação" é submissão à alienação e estereotipia institucional; nela exige-se máxima homogeneização enquanto que na "integração" o indivíduo se insere com um *papel* a desempenhar em um meio heterogêneo que funciona de maneira unitária. Somente mediante uma efetiva integração da comunidade universitária poderá ela alcançar a força e o papel social que lhe é destinado no desenvolvimento nacional.

Aprender, até quando?

Examinamos até agora uma primeira relação entre necessidades sociais e organização universitária. Esta primeira relação dizia respeito à formação de cientistas e profissionais. Mas tudo que foi escrito acima ainda refere-se a um aspecto que consideramos limitado: o da formação ocorrer *somente até certa idade* (24 ou 27 anos, em caso de pós-graduação).

Proporemos nos parágrafos seguintes que este conceito seja substituído pelo de uma estrutura universitária *posta à disposição permanente* dos cidadãos durante toda a sua vida.

São diversos os motivos que exigem esta transformação conceitual básica. Inicialmente vimos que não mais se pode conceber a possibilidade de um universitário apreender a totalidade das informações de uma profissão no comprimido espaço necessário para alcançar sua diplomação. Nem parece isto tão importante face à importância do aprendizado metodológico (como aprender? onde estão as informações?). Por outro lado, a rapidez com que técnicas, processos e informações alteram o conhecimento de determinada matéria, obriga o profissional a uma constante atualização, conhecida pelo vocábulo "reciclagem".

Finalmente, já se observou que há momentos ótimos para o aprendizado mais eficiente de determinados aspectos do conhecimento. Estes momentos não são sempre contínuos, nem se concentram necessariamente na faixa de idade de 19-24 anos; alguns requerem experiência e maturidade maior.

Esta atualização apresenta problemas. Observa-se, atualmente, a dificuldade de professores lecionarem porque em poucos anos, processos e métodos de ensino médio, já formaram jovens exigentes, às vezes bastante informados e falando uma linguagem que professores não reconhecem.

As informatecas

Por outro lado, a quantidade de dados novos acelerou a obsolescência de muitas bibliotecas, exigindo serem elas transformadas em "informatecas": centros de seleção e documentação de dados e informações, armazenados em memórias eletrônicas. Montar uma informateca exige um preparo e metodologia que está, entre nós, nos primórdios. Através do estudo da Teoria da Informação e de uma disciplina, a Informática, que deveria ser básica nos atuais cursos de biblioteconomia, poder-se-ão criar informatecas adequadas.

A utilização de informatecas para a atualização de conhecimentos não depende apenas de sua existência. Depende também do interessado possuir um instrumental metodológico que o capacite a utilizar a informateca. Donde a importância, na formação universitária de diplomação, do aprendizado metodológico: saber aprender.

Entre a energia e o terminal

Nesta utilização de uma informateca eletrônica há aspectos futuros imprevisíveis, a nível tecnológico. Pois não foi ainda inventado o terminal operativo, o *gadget* que facilite ao indivíduo o acesso direto à informação. Como bem observa Drucker, vivemos num período semelhante à década de 1860: Siemens já então inventara o gerador, isto é, o fornecedor de energia elétrica (1856). No entanto Emerson ainda não inventara a lâmpada elétrica (1879); e foi somente este terminal operativo que trouxe luz nas casas. Por analogia: já existe a memória eletrônica do computador (1940), fornecedor de informações, mas os computadores existentes ainda não constituem um terminal suficientemente operativo para trazer a informação para dentro de casa, para nossa vida cotidiana. Ainda inexiste um sistema informativo completo[14].

Na vida universitária, o desenvolvimento das técnicas que permitam a utilização de uma informateca constitui tarefa básica para a instrumentação das tarefas.

O aprendizado contínuo

A necessidade de atualização não é apenas uma demanda individual decorrente de inquietações intelectuais ou da concorrência crescente (o medo de "perder pé"). É também uma demanda social. Tanto uma instituição como qualquer empresa necessitam aperfeiçoar seus processos de produção pelo aperfeiçoamento de seus técnicos. O país

(14) Observe-se, contudo, uma diferença: a demanda de iluminação melhor e barata existia previamente à invenção da lâmpada; ao contrário, ainda inexiste hoje uma demanda consciente de serviços domésticos de computação: se já tivéssemos um terminal em nossa casa não saberíamos o que lhe perguntar como utilizá-lo; conseqüentemente, não há programações para este uso cotidiano. Provavelmente o órgão acabará criando sua função...

precisa constantemente atualizar seus modos de produção a fim de alcançar estágios mais avançados de tecnologia. Toda a economia nacional deveria sofrer da ânsia de não se atrasar. Esta ânsia no momento é patente no que se refere ao aumento da produtividade, pois relaciona-se com o problema da competividade (e exportações), num mundo em que o inter-relacionamento entre nações se torna crescente. Mas o desenvolvimento implica mais coisas além da produtividade: uma adequação dos modos de produção às condições e recursos próprios; um aumento da qualidade de vida, fatalmente vinculado ao problema de uma mais justa repartição da renda nacional.

Por isso, as decisões de caráter político tomadas têm primazia sobre as de caráter tecnológico, sem que tal fato invalide a necessidade social de aperfeiçoar conhecimentos técnicos; apenas é preciso situar esta necessidade dentro de um quadro referencial mais abrangente. Para esta constante avaliação de desempenho é necessária uma periódica reciclagem[15].

A vontade de aprender

Os profissionais sentem freqüentemente o desejo, a necessidade de atualização, de realizar uma pesquisa, de freqüentar um curso especializado; em outros termos: desejam satisfazer uma inquietação nascida de sua prática profissional. Uma necessidade que não poderia ter existido quando ingressaram na Universidade para obter uma diplomação.

Mas, o que põe a Universidade e a sociedade à disposição desta inquietação criativa cuja satisfação significa *avanço em conhecimento?* Pouco ou nada. Podemos voltar atrás, tentando entrar em alguma escola, por meio de um exame vestibular, ou fazer algum curso de pós-graduação. Mas isto depende de existir um tema de pós-graduação que venha atender precisamente a necessidade profissional existente. E inúmeros requisitos de idade – a seriação de títulos, cursos prévios e a limitação de vagas – tornam esta solução precária e adequada para pouquíssimos casos.

Os cursos de pós-graduação estão ainda muito voltados "para dentro", objetivando a carreira universitária

(15) Na realidade, o desenvolvimento de tecnologia nacional é, em si, importante problema político.

dos seus participantes. Além de que o profissional está provavelmente empregado em alguma empresa ou órgão público; como sair dela, mesmo que temporariamente, para seu aperfeiçoamento? Para a empresa ou órgão que estão, em última análise, interessados em aperfeiçoamento de seu funcionário, esta "saída" causa, a curto prazo, percalços à produtividade. No caso do profissional autônomo, seguir um curso implica trabalhar, produzir e ganhar menos para seu sustento.

Percebe-se que, na realidade, ainda inexiste um sistema de reciclagem sistematizado para garantir o aperfeiçoamento contínuo dos quadros profissionais ligados à produção.

A estrutura proposta

O que propomos é uma estrutura universitária nova, paralela à vida profissional, integrando criatividade, pesquisa, formação e produção. Uma espécie de rede de aprendizados possíveis posta à disposição de qualquer adulto, em qualquer momento de sua vida, como nos esquemas apontados nas páginas 220 e 221.

A qualquer momento determinada pessoa saltaria de seu trabalho profissional para a rede de aperfeiçoamento, voltando em seguida. O binômio "universidade-demais organizações" objetivaria um constante aperfeiçoamento dos recursos humanos e constituiria uma simbiose dinâmica e sistemática entre Universidade e sociedade.

Este binômio não é vantajoso apenas para o profissional que se aperfeiçoa; ele é também vantajoso para a estrutura universitária que receberia constantemente a realimentação da experiência em prática profissional.

Nesta estrutura nova a passagem para a rede de aperfeiçoamento seria garantida, de forma rotineira, por meio de bolsas, créditos *stand-by*, que forneceriam ao indivíduo e à empresa ou órgão que os cede a compensação necessária, equivalente ao valor das horas que foram retiradas da produção ou permitindo uma substituição que garantisse o prosseguimento no desempenho de tarefas.

As bolsas

Estas bolsas rotineiras deveriam ser direta ou indiretamente pagas pelo Estado a quem, em última instância, interessa o aperfeiçoamento dos quadros. Mas seu fundo

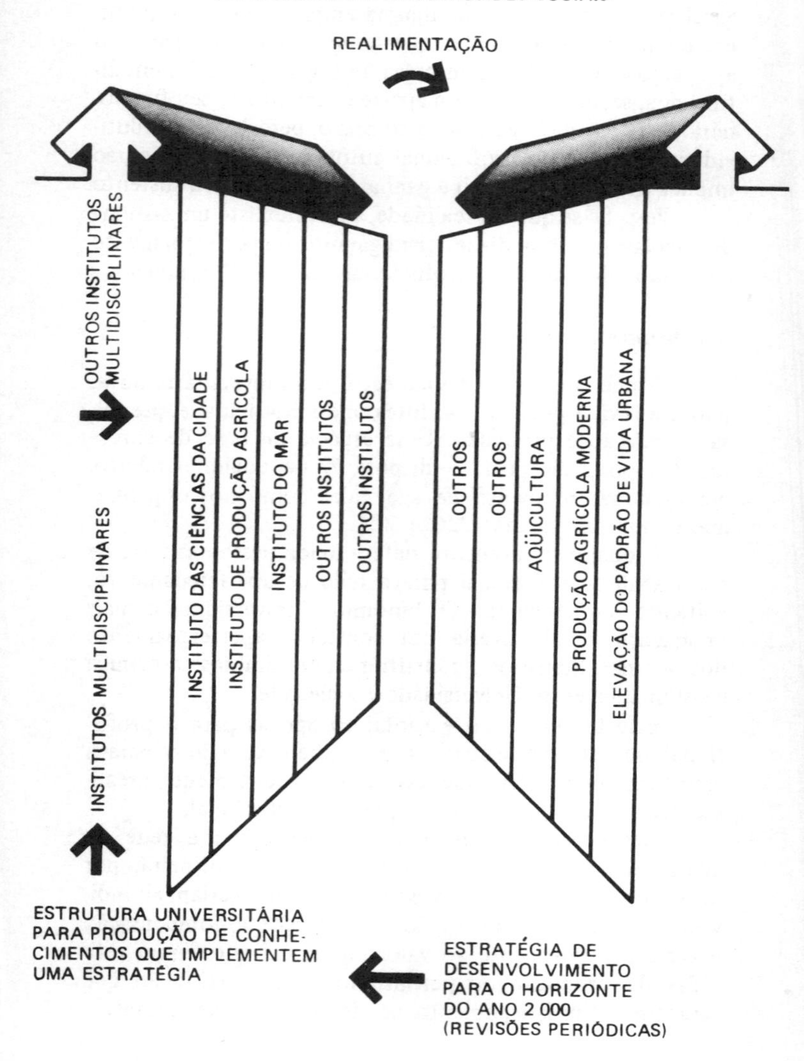
UNIVERSIDADE E NECESSIDADES SOCIAIS
REALIMENTAÇÃO
OUTROS INSTITUTOS MULTIDISCIPLINARES
INSTITUTOS MULTIDISCIPLINARES
INSTITUTO DAS CIÊNCIAS DA CIDADE
INSTITUTO DE PRODUÇÃO AGRÍCOLA
INSTITUTO DO MAR
OUTROS INSTITUTOS
OUTROS INSTITUTOS
OUTROS
OUTROS
AQÜICULTURA
PRODUÇÃO AGRÍCOLA MODERNA
ELEVAÇÃO DO PADRÃO DE VIDA URBANA
ESTRUTURA UNIVERSITÁRIA PARA PRODUÇÃO DE CONHECIMENTOS QUE IMPLEMENTEM UMA ESTRATÉGIA
ESTRATÉGIA DE DESENVOLVIMENTO PARA O HORIZONTE DO ANO 2 000 (REVISÕES PERIÓDICAS)

SISTEMA DE RELACIONAMENTO
DIPLOMAÇÃO DENTRO DA REDE DE APRENDIZADO CONTÌNUO

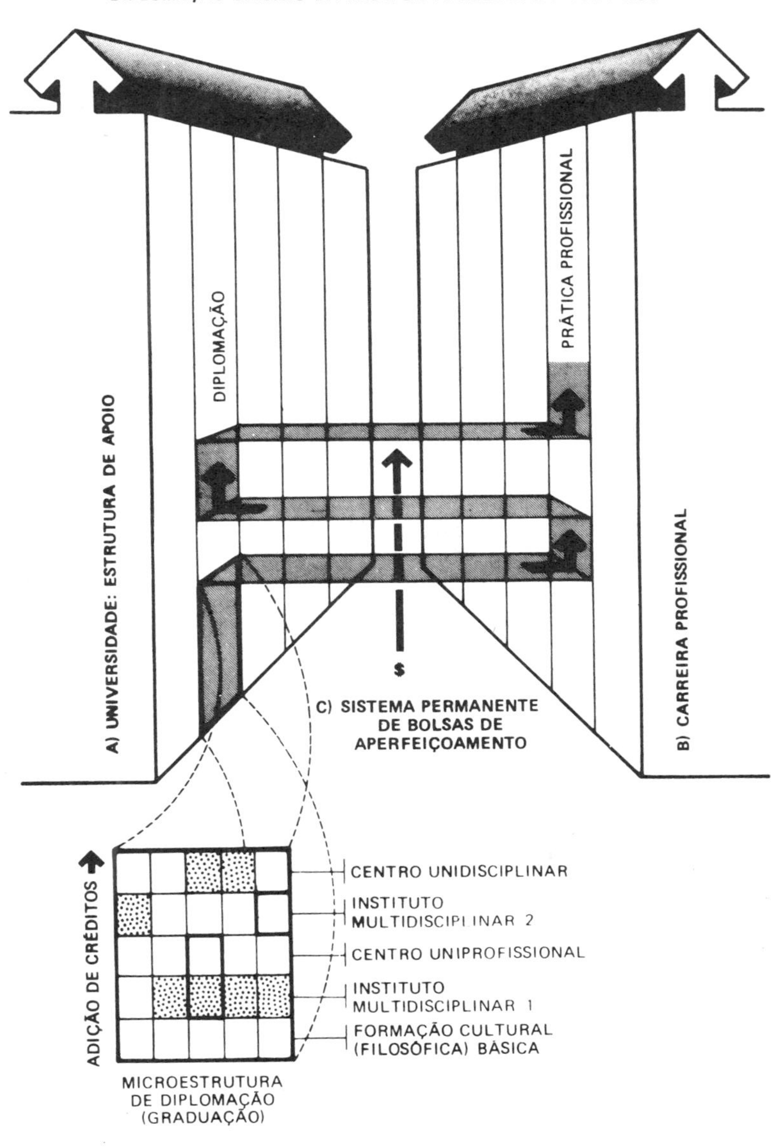

financeiro poderia ser constituído por dinheiro fornecido por outras instituições, igualmente interessadas: sindicatos patronais, entidades de classe, grupos culturais, fundações etc.

O interesse destas entidades será provavelmente setorizado. Caberá, por isso, aos órgãos de Estado responsáveis pela política de formação de quadros compensar eventuais distorções, estimulando setores estratégicos e garantindo oportunidades a qualquer candidato ao aperfeiçoamento permanente.

Um sistema de bolsas de aperfeiçoamento existe, por exemplo, no Estado de São Paulo[16]. Mas a estrutura desta entidade – de consideráveis méritos e seriedade – reflete a estrutura carente da Universidade de São Paulo. Em lugar de tomar a iniciativa de um maior entrosamento com as necessidades sociais, propondo pesquisas, tem-se limitado em atender as solicitações aflitas de cientistas e professores, assim como a pedidos de administradores de cadeiras ou departamentos e que vêem na FAPESP uma forma de *suplementar* suas escassas verbas. Significantemente, os cientistas e bolsistas que procuram a FAPESP são por ela denominados de "amparados".

Papel social da pesquisa

Este caso é significativo. Nada temos contra a suplementação que poderia continuar a ocorrer. Mas a mera pulverização de recursos revela a ausência de uma conceituação geral sobre o possível e necessário papel social da pesquisa, da Universidade e do conhecimento, dentro do quadro referencial do nosso desenvolvimento.

Como soe ocorrer em muito país subdesenvolvido, há no Brasil um generoso desperdício de recursos alocados à pesquisa e na distribuição de bolsas sem um prévio estabelecimento de estratégias e sem o estímulo de iniciativas; isto diminui a eficiência na participação e nos resultados. Em que pêse a conveniência de cada vez mais verbas serem alocadas à pesquisa e à cultura, a principal crítica pode ser dirigida ao *modo* em que as atuais verbas deixam de ser suficientemente capitalizadas pelo país.

(16) FAPESP – Fundação de Amparo à Pesquisa no Estado de São Paulo; (0,5% da receita tributária do Estado é destinada ao fundo movimentado por esta Fundação, desde 1962).

Pesquisa e independência

Investimento na Universidade, em institutos de pesquisa e em cultura, significa a garantia de um futuro livre e independente, pois este futuro dependerá cada vez mais do grau de conhecimentos disponíveis. Por mais intercambiável que seja o produto "conhecimento", sua adequação e resposta a problemáticas nacionais dependerá em grande parte dele ser produzido no Brasil. Inclusive para exportá-lo, pois em certos setores o conhecimento certamente poderia vir a ser um valioso produto de exportação[17]. Como disse Nehru em certa ocasião: "Nosso país é por demais pobre para que se permita o luxo de não investir pesadamente em pesquisa".

Insere-se aqui o tema polêmico da tecnologia. Sua importação acompanhou a importação de máquinas e técnicas industriais na fase de substituição da importação de bens de consumo. Mas sob a rubrica "tecnologia" (ou *know how*) acomodou-se uma forma de exportação de lucros por parte do cessionário estrangeiro. É fato conhecido que o pagamento de *royalties* é uma das parcelas com que o investidor estrangeiro se ressarce e retira do Brasil o capital investido.

É igualmente conhecido o fato de já não haver mais segredos de *know how* para grande parte dessa importação tecnológica que seguimos pagando.

Há, portanto, dois aspectos a distinguir: de um lado a conta de "achego", a barganha do Estado com o investidor estrangeiro a fim de não desestimulá-lo, mas também não excedendo na liberalidade de deixá-lo retirar capital; de outro lado, o problema da tecnologia propriamente dita.

Quanto a esta, é básico que se adote uma clara política de apoio, estímulo e iniciativa com relação ao desenho industrial e à invenção científica e técnica. Esta política deveria ser paralela ao atual incentivo à produção de máquinas operatrizes, matrizes e bens de produção nacionais.

Falsas alternativas

Donde a importância de formação contínua de quadros. Não podemos aceitar a alternativa: investir no ensino

(17) O "conhecimento" sim; esperamos que os "conhecedores" não . . .

superior e pesquisa ou investir no ensino primário, secundário e técnico. Esta alternativa é falsa: precisamos alfabetizar; mas para fazê-lo com a eficiência necessária faz-se mister desenvolver conhecimentos psicológicos, pedagógicos, técnicas de televisão, informática etc. Não se trata, portanto, de alternativas e sim de tarefas simultâneas e integradas. A UNESCO propõe, para países subdesenvolvidos, que de cada 100 alunos de curso primário, 25 ingressem no secundário e 2 em curso superior. Discordamos, pois esta é uma forma de manter o atraso, dificultando a realização de saltos qualitativos imprescindíveis para um país subdesenvolvido. No Japão esta relação foi significantemente elevada para 100-60-10; enquanto em São Paulo ela permanecia, em 1968, de 100-8-3 (PUB)[18].

A sistematização

A montagem de uma estrutura de aprendizado permanente (a Universidade Nova) implica a criação de um sistema completo. Pouco adianta pleitear boisas se a Universidade não está montada para receber, por exemplo, o biólogo de 50 anos que sente necessidade de examinar o que há de novo em pesquisa de biologia marítima. Tampouco é suficiente haver uma reestruturação universitária que não seja condizente com objetivos de desenvolvimento nacional, precedidos por debates com o governo e com outras instituições significativas para o estabelecimento de metas a longo prazo; e seguidos por compromissos claros e, especialmente, mútuos.

Nesta sistematização deve-se também lembrar que a atualização (aperfeiçoamento ou pesquisa) poderá ocorrer em tarefas exercidas pelas equipes multidisciplinares dos diversos institutos de ciência aplicada; assim como nos centros e laboratórios unidisciplinares especializados em ciência pura.

A procura deste entrosamento tem ocorrido de forma esporádica, mas já evidenciando a consciência por parte de alguns setores empresariais ou do governo em apelar para a Universidade para resolver problemas de conheci-

(18) Em anos recentes houve alterações nesta relação, havendo número crescente de universitários. É notável o retorno ao ensino formal: 1/3 dos matriculados no 2º grau e 1/4 dos universitários constituem retorno após interrupção.

mentos. Este apelo é geralmente feito a institutos ou departamentos de uma ou outra Universidade. Por vezes trata-se de tarefas multidisciplinares (geralmente nos casos mais substantivos), mas por vezes a tarefa é realizada por departamento especializado e unidisciplinar.

Um exemplo

Um exemplo feliz é a decisão do governo federal apoiar e investir em pesquisa científica e tecnológica no campo da diversificação energética. A criação de um grupo de estudo para investigações sobre a "economia do ciclo de hidrogênio" e a iniciativa governamental de implantar na Unicamp um laboratório para investigações sobre *energia solar*, são, ambas, exemplos de uma oportuna associação entre estratégia desenvolvimentista da responsabilidade do governo e investigação científica de interesse universitário.

A mudança de carreira

Existindo uma estrutura paralela utilizável a qualquer momento, e um sistema que permita a integração, a Universidade permanente poderia vir a ser utilizada não apenas para o aperfeiçoamento de um profissional, mas também para eventuais mudanças de profissão.

A este respeito Drucker elabora um aspecto curioso; o aumento da expectativa de vida resulta numa vida adulta e profissional de cerca de 50 anos. Há muitos quadros que persistem, com muito ou razoável êxito, numa só carreira profissional durante toda sua vida. Mas quantos há que, após serem engenheiros de tráfego durante 30 anos, esgotam toda motivação e interesse por sua profissão; às vezes este desinteresse vem acompanhado de crescente interesse em, digamos, Arqueologia.

Surge então uma atividade diletante e, como tal, pouco produtiva e marginalizada pela sociedade. Que mal haveria em que o engenheiro declarasse terminada sua primeira carreira e iniciasse a sua segunda, a ser executada de forma produtiva durante os 20 anos seguintes?

Diletantismos úteis

Sabemos que há restrições a apontar: uma pessoa de 50 anos dificilmente terá a mesma criatividade sem peias de um jovem de 25. Mas será certamente mais criativo do que se for mantido numa carreira pela qual não mais tenha interesse. Os chamados "diletantismos" deram, no passado, resultados nada desprezíveis. Veja-se, por exemplo, o que resultou de incursões interessadas em *outros campos*, por exemplo, no progresso ferroviário: Morse, inventor do telégrafo, era pintor; Pullman, que patenteou os primeiros vagões-dormitórios, trabalhava em pavimentação; Elis Janney, inventor dos engates automáticos, era caixeiro num armazém de secos e molhados; um industrial de tecidos aposentado, Thomas Hall, inventou o sistema automático de sinalização; Westinghouse era um carpinteiro de 23 anos ao inventar o freio a ar; um médico imaginou os vestíbulos em fole, que ligam os vagões de passageiros; um produtor de legumes imaginou os primeiros vagões frigoríficos; a primeira locomotiva elétrica foi projetada por Moses Farmes, professor primário, e os dormentes de concretos por Georges Brault, apicultor francês.

Quando uma pessoa adulta, com experiência de vida, decide com toda consciência adotar uma profissão a eficiência de seu aprendizado costuma ser grande; geralmente maior do que a do jovem que ingressa numa faculdade sem grandes convicções sobre a carreira escolhida e sem poder situá-la com clareza. Este aspecto da "nova carreira" não chega a ser aspecto essencial de nossa proposta, mas revela inegavelmente uma possibilidade suplementar no aumento do potencial em recursos humanos.

A rede universitária deveria oferecer-se, por isso, como estrutura de recursos em conhecimento, permanentemente atualizada e posta à disposição da sociedade.

Esta estrutura compor-se-ia de diversos elementos: as salas de aula, os laboratórios, os materiais de pesquisa, a supervisão de membros experientes da comunidade universitária (cientistas ou coordenadores de equipes multidisciplinares), seminários sobre metodologia ou de revisão por disciplinas, informatecas, programas de pesquisas em andamento etc.

Estes elementos heterogêneos seriam sempre públicos e notórios, devendo haver uma abertura informativa da Universidade em relação ao restante da sociedade numa dimensão até hoje inexistentes. Chamaríamos a esta abertura, sair da torre de marfim, por cuja existência como vimos, são muitos os responsáveis: aqueles universitários e professores que continuam presos a uma visão totalmente superada de sua função social e a sociedade como um todo (o governo e as demais instituições) por marginalizarem aquela instituição que é, de longe, das mais competentes para fazer-nos saltar para fora de nosso estágio de subdesenvolvimento.

Conhecimento: um ótimo negócio

Se a demanda de conhecimentos fundamenta todo o processo de desenvolvimento mundial neste fim de século, poderíamos concluir que investir em conhecimentos é o melhor negócio do momento. Por investir não queremos apenas dizer que o investimento é socialmente rentável, que esse desenvolvimento depende de nossa capacidade de criar uma nova estrutura universitária, que esta tem que ser uma meta prioritária do governo. Queremos dizer, também, mui vulgarmente, que ensino dá dinheiro. É isto verdade? É isto necessário?

Examinemos inicialmente o sintomático caso dos "cursinhos" preparatórios à Universidade. Nasceram de carência de vagas em Universidades e da ineficiência do ensino em curso médio. Sua sobrevivência no início parecia fácil pois a procura era previsivelmente crescente. A concorrência obrigou a inovar para aumentar a eficiência facilmente mensurável e tornada pública por motivos comerciais. O aumento de eficácia modernizou as técnicas de ensino e permitiu adequá-lo ao escopo determinado que a situação exigia.

Uma correta administração torna patente ser possível atingir produtividade e bom nível, com rentabilidade boa. Em Porto Alegre, em 1972, enquanto um cursinho apresentava receita anual de 1,2 milhões e despesa de 0,96, a Universidade Católica apresentava receita de 8,8 milhões e despesa de 9,4. O elevado nível de investimentos (por exemplo, em 1972, Cr$ 100 000,00 para TV de circuito fechado, Cr$ 18 000,00 mensais para impressão de apostilas, até Cr$ 100,00 por aula para alguns professores) revela o nível de necessidades para alcançar eficiência.

A demanda tem sido realmente crescente; apenas um curso em São Paulo apresenta cerca de 16 000 alunos (candidatos à Universidade). Este cursinho consegue recebê-los, ensinar-lhes com nível razoável para a finalidade que se propõe, equipar e atualizar seu equipamento e, ainda por cima, apresentar lucro em seu balancete! Não há por que duvidar que a quantidade crescente de alunos não possa representar fonte de lucro e não fonte de despesa para as próprias Universidades, ressalvado o necessário custeio sem retorno ligado à investigação científica.

Tem-se certo pudor ao falar em *lucro* quando o discurso se refere a Universidade, cultura, ensino etc. À semelhança da pecaminosa usura da Idade Média, hoje transformada no respeitável juro bancário. Mas, se uma organização chamada Universidade não apresenta saldo em seu balanço de que forma investirá em pesquisa, formação etc.? O saldo é imprescindível. O problema é como se constitui sua *receita.* Surgem dois aspectos neste apanhado simplista: para a economia da Universidade não interessa quem paga pelo estudante; pode ser sua família, um fundo que forneça bolsas ou o governo; mas é essencial que *alguém* pague, isto é, que a organização possa ter o superávit que lhe permita os constantes investimentos necessários à atualização de equipamento, remuneração elevada e produção de pesquisa. Nesta formação de receita permanecerá como principal responsável direto o seu maior interessado: o setor governamental, seja como cliente de pesquisas, seja como investidor obrigatório, através de recursos orçamentários.

Universidade interessa a todos

Em segundo lugar, para a viabilidade econômica da Universidade, é preciso que haja *continuidade* e uma certa dose de *independência*; isto implica inseri-la num sistema geral de interesse social. Deste sistema podem participar diversas organizações: o governo, fundações, sindicatos, associações científicas. A todos deve interessar profundamente a eficiente produção de conhecimentos; por isso a participação dessas organizações não deve ser beneficiência, gesto ocasional ou negociada cessão a pedidos insistentes. Em lugar de ajuda, propomos uma *associação de interesses* a longo prazo; esta associação deveria ser comandada pelo setor público e tornada até compulsória, se necessário, a fim de permitir o suporte financeiro para se alcançar as dimensões e a qualidade adequadas, para acolher a totalidade de candidatos, independente de sua condição econômica.

Epílogo

Como nos demais capítulos deste livro, o presente levanta polemicamente alguns problemas que nos parecem *substantivos* para nosso desenvolvimento. No referente à produção de conhecimentos e formação de quadros, problema básico para o desenvolvimento de cidade e de toda a nação, nota-se também ser necessário um enfoque multidisciplinar; confirma-se a tese de que os aspectos substantivos são multidisciplinares. Evidencia-se a necessidade de instrumentar nosso conhecimento segundo este enfoque sistêmico e abrangente.

Nas linhas acima, preferimos garantir a abrangência do enfoque do que resguardarmo-nos por cautela e calar por não podermos aprofundar suficientemente cada aspecto setorizado do problema. Que outros autores sintam-se motivados a desenvolver – aprofundando, corrigindo ou contestando – cada aspecto setorial do assunto abordado de forma ainda superficial e polêmica.

Não há, nos capítulos deste livro, especulações futurológicas; procuramos apenas enxergar o *presente*. E compreender o futuro que já nele reside. Nada garante que o futuro seja uma projeção de demandas presentes; esta é apenas uma boa hipótese e nos fornece uma ordem de grandeza. O futuro depende do que o homem fizer de seu presente. É neste "fazer" de agora que se situa o problema, as opções a tomar, a decisão de agir.

Enxergar a realidade, buscar lucidez sobre a estrutura presente e identificar sua dinâmica, propor inovações para fins polêmicos, pensar, foram os objetivos do presente subsídio. Objetivos estes que se inserem numa visão de planejamento que se quer voltada para a participação na constante transformação da realidade, objetivando em última análise, mais justiça, liberdade, crescimento e qualidade de vida.

URBANISMO NA PERSPECTIVA

Planejamento Urbano – Le Corbusier (D037)
Os Três Estabelecimentos Humanos – Le Corbusier (D096)
Cidades: O Substantivo e o Adjetivo – Jorge Wilheim (D114)
Escritura Urbana – Eduardo de Oliveira Elias (D225)
Primeira Lição de Urbanismo – Bernardo Secchi (D306)
A (Des)Construção do Caos – Sergio Kon e Fábio Duarte (orgs.) (D311)
O Urbanismo – Françoise Choay (E067)
A Regra e o Modelo – Françoise Choay (E088)
Cidades do Amanhã – Peter Hall (E123)
Metrópole: Abstração – Ricardo Marques de Azevedo (E224)
Área da Luz – R. de Cerqueira Cesar, Paulo J. V. Bruna, Luiz R. C. Franco (LSC)

Impresso nas oficinas da
Bartira Gráfica e Editora Ltda.
em março de 2008